Carl Lausberg

Die verbalen Synonyma in den Chansons de geste Amis et Amiles

und Jourdains de Blaivies

Carl Lausberg

Die verbalen Synonyma in den Chansons de geste Amis et Amiles
und Jourdains de Blaivies

ISBN/EAN: 9783743489936

Hergestellt in Europa, USA, Kanada, Australien, Japan

Cover: Foto ©Thomas Meinert / pixelio.de

Manufactured and distributed by brebook publishing software (www.brebook.com)

Carl Lausberg

Die verbalen Synonyma in den Chansons de geste Amis et Amiles

DIE VERBALEN SYNONYMA
IN DEN
CHANSONS DE GESTE
AMIS ET AMILES
UND
JOURDAINS DE BLAIVIES.

EIN BEITRAG
ZUR
WORTBEDEUTUNGSLEHRE (SEMATOLOGIE)
DES
ALTFRANZÖSISCHEN.

INAUGURAL-DISSERTATION
ZUR
ERLANGUNG DER PHILOSOPHISCHEN DOCTORWÜRDE
AN DER
KÖNIGL. ACADEMIE ZU MÜNSTER I. W.

VON

CARL LAUSBERG
AUS HERDECKE.

MÜNSTER.
E. C. BRUNN'SCHE BUCHDRUCKEREI
1884.

SEINEN VETTERN

WILHELM, AUGUST UND **ALBERT LAUSBERG**

ZU KRÄWINKLERBRÜCKE

IN LIEBEVOLLER VEREHRUNG GEWIDMET.

———

Vorbemerkung.

Die Abhandlung, welche ich der hohen philosophischen Fakultät der Kgl. Akademie zu Münster als Inaugural-Dissertation vorlegte, überschritt weit den üblichen Umfang einer derartigen Schrift. Aus äusseren Rücksichten übergebe ich daher gegenwärtig nur einen der drei Hauptteile*) meiner Arbeit, den die verbalen Synonyma behandelnden Abschnitt, dem Druck, die Veröffentlichung der übrigen mir für spätere Zeit vorbehaltend. An die Leser der jetzt erscheinenden Schrift aber darf ich wohl die Bitte richten, dessen eingedenk sein zu wollen, dass dieselbe eben nur ein Bruchstück ist und schon deshalb, auch wenn sie nicht eine Erstlingsarbeit wäre, nicht den Anspruch erheben kann, ein abgeschlossenes und vollkommenes Ganze zu sein.

―――

*) I. Teil: Nomina. A. Substantiva, B. Adjektiva. II. Teil: Verba. III. Teil: Partikeln.

Einleitung.

Das Gebiet der Wortforschung (Lexikologie) ist, abgesehen von der Etymologie und Lexikographie, in der französischen wie überhaupt in der romanischen Philologie ein verhältnismässig noch fast ganz brach liegendes, der Bebauung harrendes Feld. Und doch ist es befremdlich, dass gerade diese Disciplin, trotzdem sie so reichen und lohnenden Stoff sowohl für allgemeine, als auch besonders für Einzeluntersuchungen bietet, noch so wenig Beachtung gefunden hat, während man sich den anderen Zweigen mit regem Eifer und grossem Erfolge zugewandt hat. Beweisend für die Vernachlässigung der Lexikologie ist schon an sich die Thatsache, dass wir bis jetzt kein vollständiges altfranzösisches Wörterbuch besitzen, [von dem Godefroy'schen sind bekanntlich erst 3 Bände erschienen], ferner, dass über so wichtige Kapitel, wie den Bedeutungswandel, den Schwund, bezw. die Ersetzung lateinischer Worte innerhalb des Französischen, Spezialuntersuchungen noch gänzlich fehlen *).

Aehnlich steht es mit der französischen Synonymik. Wir haben zwar die grossartige Leistung von Lafaye (Dictionnaire des synonymes de la langue française, Paris, 4ième éd. 1878), die Synonymik von Schmitz (Französische Synonymik, 2. Ausg. Leipzig 1877) etc., aber alle diese nehmen

---

*) Vor kurzem ist allerdings eine kleine Abhandlung von Lehmann „Ueber den Bedeutungswandel im Französischen", Erlangen 1884, erschienen, deren Resultate ich aber nur an einigen Stellen verwerten konnte, da meine Arbeit bereits im Manuscript fertig vorlag.

die Bedeutung der Worte als etwas Gegebenes hin, ohne sich um den Wandel in der Bedeutung, den die Worte im Laufe der Jahrhunderte erlitten haben, zu kümmern. Soll jedoch dieser Zweig der wissenschaftlichen Behandlung des Sprachschatzes historisch behandelt werden, so ist vor allem eine altfranzösische Synonymik notwendig.

In Bezug auf ihre Nützlichkeit braucht sich die Synonymik überhaupt nicht zu legitimieren. Es ist darüber auch von so berufenen Händen*) geschrieben worden, dass ich natürlich nicht wage und nötig habe, mich über ihre Wichtigkeit zu ergehen; ich möchte nur einige die altfranzösische Synonymik insbesondere betreffende Punkte berühren.

Nicht allein ihre Bedeutung für die neufranzösische Synonymik ist es, welche das Studium der altfranzösischen nützlich und ergiebig macht, sondern die Wichtigkeit der letzteren an sich lohnt die Beschäftigung mit ihr. Es gewährt schon an sich hohes Interesse, den Wortschatz jener schlichten, einfachen, aber doch so gemütvollen Sprache, die gerade uns Deutsche so sehr anheimelt, weil sie zu einem Teile noch von echt germanischem Geist, nicht aber von jener verstandesmässigen Nüchternheit des Neufranzösischen durchhaucht ist, zu untersuchen. Dann aber führt uns die altfranzösische Synonymik, die uns zeigt, welche verschiedenen Seiten das mittelalterliche Frankreich einem Begriff abzugewinnen, welche Nuancierungen es ihm zu geben wusste, welche Abzweigungen desselben es kannte, nicht allein in den Geist, das Leben jener Zeit ein, sondern gibt uns auch Mittel an die Hand, unmittelbare Schlüsse auf die damalige Kultur zu ziehen. Die verschiedenen Namen für „Gott" und ihre mannigfaltigen Epitheta gestatten uns z. B. einen Einblick in die damaligen Religionsverhältnisse und religiösen Anschauungen; die überreiche Fülle von Worten für

---

*) Lafaye in seiner „Introduction sur la théorie des synonymes", Chap. VII „Utilité de l'étude comparative des mots synonymes", Schmitz in seiner „Einleitung in das Studium der Synonymik".

„Schurke" beweist, dass „Europens übertünchte Höflichkeit" ein damals nicht allein dem Kanadier unbekanntes Ding war; die vielen synonymen Bezeichnungen für „Pferd" erlauben uns Schlüsse auf das ritterliche Leben, Verkehr, Ackerbau und Kriegsführung jener Zeit. Durch einen Vergleich der altfranzösischen Synonymik mit der neufranzösischen wird bestätigt, was auch sonst bekannt, dass die alte Sprache über einen teilweise anderen Wortschatz verfügte, als die moderne. Vergleicht man z. B. die von Lafaye für „täuschen" angeführten Worte: „tromper, abuser, décevoir, en imposer, leurrer, surprendre, amuser, donner le change; — attraper, duper, enjôler, embabouiner" (pag. 1008) mit den von mir im Amis und Jourdains aufgefundenen: faillir; enchanter, souduire, engingnier, agaitier; boisier; — fausser, mentir, so ersieht man, dass nicht ein einziges der acht altfranzösischen Verba mit dem Dutzend neufranzösischer übereinstimmt, sondern dass sie alle ganz verschiedenen Ursprungs sind.

Aehnliche, höchst interessante Schlüsse ergibt dieses Vergleichen hinsichtlich des Bedeutungswandels. Ein einziges Beispiel möge dies beweisen. Der Unterschied zwischen présenter und offrir wird von Lafaye folgendermassen angegeben: „On ne présente que des choses présentes qu'on met devant les yeux ou sous la main; on offre tout ce qu'on met en avant, tout ce qu'on propose, et, par exemple, des choses absentes, abstractes ou à venir. Vous présentez un bouquet, vous offrez des services."

Aus den Belegstellen im Amis und Jourdains[*]) aber ergibt sich für das Altfranzösische der ganz umgekehrte Gebrauch.

Lafaye sagt in der Einleitung zu seinem gewaltigen Dictionnaire: „Les synonymes abondent dans les langues anciennes, dans les langues modernes ils deviennent de plus

---

[*]) cfr. A 1076. Li siens services voz sera présentez,
und A 1644. Un anel d'or i a offert le jor.

en plus rares.", und deshalb ist das Studium der Synonymik der alten Sprachen vielleicht erspriesslicher als das der modernen. Es ist ja wahr, dass die Neigung zur Häufung sinnverwandter Wörter, gerade wie die zur Parataxe, geringe Gewandtheit in der Sprache beweist, und dass die Anhäufung von Synonymis — die communio nominis — ein sehr oft angewandtes Mittel zur Verstärkung des Ausdrucks und ein beliebter Schmuck der alten Poesie ist; doch das Studium der altfranzösischen Synonymik zeigt, dass die Tautologie in den Dichtungen des mittelalterlichen Frankreichs viel seltener zum Datismus ausartet, als allgemeine Ansicht ist. Durch die Unkenntnis der feineren Unterschiede der tautologisch verknüpften Worte lässt man sich leicht verleiten, fehlerhaften Hang zur Anhäufung anzunehmen und den Dichter der Breite, Oberflächlichkeit und mangelnder Tiefe zu zeihen.

Ein näheres Eingehen auf die Unterschiede der Synonyma, deren reiches Vorhandensein übrigens zum Teil auch durch die epischen Wiederholungen erklärt wird, zeigt aber, dass dem Dichter beim Aneinanderreihen derselben ganz verschiedene Gedanken vorgeschwebt haben, und dass er dabei — wenigstens meistens — mit vollem Bewusstsein und reiflicher Ueberlegung verfahren ist. Neigung zu Datismus finden wir z. B. wohl in

J 2343. Ce dist la laittre et li bries qui est ci,

nicht aber in

J 1371. Qui si m'avez secorru et aidie,

welchen Vers wir genau übersetzen müssen: „Die Ihr mir zur Hülfe geeilt *(sub-currere)* seid und beigestanden habt"; oder in

J 2397. Se trouvroie home pelerin ne paumier,

worin wir die beiden letzten Substantiva beide mit „Pilger", höchstens, um die Wiederholung desselben Wortes zu vermeiden, mit „Pilger" und „Wallfahrer" übersetzen, aber kaum den tieferen Unterschied zwischen diesen beiden Worten, mit denen zwei ganz verschiedene „Pilger" gemeint sind, beachten.

Es erhellt also, dass das Studium der altfranzösischen Synonymik wegen seiner Wichtigkeit sowohl an sich als auch für die neufranzösische Synonymik, wegen seiner mittelbaren wie unmittelbaren kulturgeschichtlichen Bedeutsamkeit, wegen seiner nahen Beziehung zu anderen lexikalischen Gebieten und — last, not least — wegen seines Nutzens zum richtigen Verständnis und Würdigung der altfranzösischen, an sinnverwandten Worten so reichen Poesie unumgänglich notwendig ist.

Ein kleiner Baustein zu dem hoffentlich bald erstehenden Gebäude der altfranzösischen Synonymik möge meine Arbeit sein, der ich die beiden Chansons de geste Amis et Amiles (A) und Jourdains de Blaivies (J) [nach der Pariser Handschrift herausg. von Conr. Hofmann. Erlangen 1882] zu Grunde gelegt habe.

Was meine Arbeit im einzelnen betrifft, so habe ich die Etymologie, die ja die Grundlage aller Worterklärungen und das im allgemeinen sicherste Kriterium der Wortunterscheidungen ist, sodass man, wie ein französischer Synonymiker sagt, „ohne sie auf Sand baut", gebührend berücksichtigt*), also den Fehler, den Schmitz in der Einleitung zu seinem citierten Werk an den neufranzösischen Synonymikern rügt, nämlich, dass sie das Etymon nicht genügend beachten, möglichst zu vermeiden gesucht. Citate hätte ich gerne in noch viel weiterem Umfange gegeben, wenn es nur der einer Dissertation zugemessene Raum gestattet hätte; ich habe mich deshalb häufig auf blosse Angabe der Verszahlen beschränken müssen, diese aber fast durchweg vollständig angeführt (die auf die in übergrosser Anzahl vorkommenden Wörter bezüglichen natür-

---

*) Benutzt wurden die etymologischen Wörterbücher von Diez, Scheler und Brachet; ferner das Glossarium mediae ac infimae latinitatis von Du Cange-Henschel.

lich ausgenommen), da sich aus der Anzahl der Belegstellen ergibt, wie sich die einzelnen Synonyma in der Häufigkeit ihres Gebrauchs zu einander verhalten.

Der vielfachen Mängel meiner Arbeit bin ich mir wohl bewusst, doch werden wohlwollende und einsichtige Leser einen Teil derselben den sehr mangelhaften Hülfsmitteln (sehr fühlbar machte sich mir der Mangel eines ausreichenden altfranzösischen Wörterbuchs) zuschreiben und wissen, wie leicht man gerade bei der Feststellung von Wortbedeutungsunterschieden fehlgreift.

Zum Schluss ist es mir eine angenehme Pflicht, Herrn Professor Dr. Körting für die Bereitwilligkeit, mit der er mich bei der Abfassung dieser Arbeit unterstützte, herzlichst zu danken.

A. Zeitliches Sein.
Gruppe I.
Verba des zeitlichen Seins.

1. **Anfangen** — commencier, A 104. 242. 377. 706. 796. 829. 2215. 2292. 2334. 2442. 2693. 2742. 2917. 3053. 3415; encommencier, A 1801; J 79; prendre, A 238. 718. 1414. 1897. 3047. 3313. 3381; J 1783. 2571; enprendre, A 284. 2007; J 1396. 1404. 1435. 2687.

commencier = L *cum-initiare (in-ire)* und encommencier = L *in-cuminitiare*, bedeuten allgemein „beginnen, anfangen":

 A 1779. commence a dire
 A 1801. encommensa a dire;

prendre = L *prehendere* und enprendre = L *inprehendere*, „Jemand ergreifen, um mit ihm etwas zu thun, zu beginnen", deshalb stets mit persönlichem Object verbunden:

 A 238 le prinst a acointier
 A 2007. l'enprinst a arraisnier.

2. **Bleiben** — manoir; remanoir, J 2490. 2932; durer, A 2458. 2851; J 2981; regnier, A 431. 1905. 2786.

manoir und remanoir, = L *manere* bez. *remanere*, allg. „bleiben", durer = L *durare (durus)*, „hart sein" — „dauern".

 J 2981. Tant com el cors la vie li durra.

regnier = L *regnare*, „in einem Zustande verharren."

 A 2786—87. „Que ne me laist trop longuement regnier
  En iceste maniere."

3. **Beenden, aufhören** — finer, A 292. 908. 1262. 1340. 1352. 2519. 2811. 3225; J 166. 565. 683. 989. 1027; afiner, A 827. 832; J 2496. 3238; definer, A 3499.

finer = L *finare (finis), afiner = L *ad-finare und definer = L *de-finare — werden promiscue im Sinne „beendigen, aufhören" verwandt.

4. Vergehen — passer, A 189. 547. 1246. 1634. 3332. 3369; J 1139. 3205. 4233; trespasser, A 1448; J 596. 3236.

passer = L *passare (v. passus) „schrittweise durchschreiten", drückt auch das langsame, stufenweise Vergehen, Vorübergehen der Zeit aus, trepasser = L *trans-passare, über etwas hinausschreiten, bezeichnet nicht allein das Vergehen eines Zeitabschnittes, sondern auch das Ueberschreiten seiner Grenze.

J 596. Cil jors trespasse, si revint l'anuitie.

Die ursprüngliche Bedeutung zeigt sich noch in:

J 3236. Mais nus ne put trespasser son terminne.

5. Sterben — mourir, J 438. 3219; finer, A 2791. 2904. J 1027; afiner, J 220. 3377. 4131. 4208; definer, A 181; perir, A 2674; J 3063.

mourir = L *morire allg. „sterben"; — finer = L *finare, endigen, zum Ziele (finis) gelangen, sterben, und seine Composita: afiner = L *ad-finare und definer = L *de-finare, heben hervor, dass das Leben an seinem Ziele (finis) angelangt ist, perir = L perire, „eines unnatürlichen Todes sterben".

J 3062—63. Jusqu' a celle hore que en seroiz saisie
De vostre fille, se n'est morte ou perie.

B. Räumliche Berührung und Bewegung.
Gruppe II.
Verba des Berührens von Gegenständen.

6. Berühren — touchier, A. 3067. 3074, J 555. 1636. 1837. 2220. 3028; adeser, J 555. 1636. 1029. 1837. 2220.

touchier, vom ahd. zuchôn, zucchen, unser „zucken" (Diez), Frequentativ von „ziehen" (vgl. nfrz. toucher de l'argent, Geld einziehen) — „zupfen, anrühren, anfühlen, empfindlich berühren", a d es e r = L *addensare (densus)*, etwas verdichten, so berühren, dass man es zusammendrückt. (Im A. und J. beide meist tautologisch verbunden im Sinne: Jemand anrühren, um ihm ein Leid anzuthun, ihn zu verletzen.)

7. **Ergreifen** — prendre, A 186. 440. 2567. 2962. 3432. 3457. J 1168. 1241. 2019; saisir, A 1135. 1413. 1542. 1869. 2032. J 324. 2209. 3847; empoingnier, A 1553.

prendre = L *pre(-he-)ndere*, fassen, greifen, ergreifen, sowohl buchstäblich (A 2962) als auch bildlich (A 3457). Die folgenden werden nur im eigentlichen Sinne gebraucht; saisir = L *saisire* vom ahd. sazjan, sich einer Sache bemächtigen, von etwas Besitz nehmen J 1869. 2032. 3847, sonst ergreifen mit der Hand:

J 2209. Par vive force l'ont maintenant saisi;

empoingnier = L *im-pugnare* von *pugnus*, Faust; mit der Hand ergreifen, fassen.

8. **Stossen, schlagen** — batre, A 2237. 2239. 2251; J 3287; embatre, A 2562; rabatre, J 1654. 1659; ferir, A 223. 478. 967. 1486. 1489. 1520. 1539. 1679. 2013. 2087. 2254. 2568. 2986; J 436, 1753; referir; hurter, A. 968; J 433. 3007; bouter, A 2441. 2622; J 3286. 3367.

batre = L *bat[u]ere*, „schlagen"; embatre = L *in-bat[u]ere*, „hineinschlagen, hineinstossen":

A 2562. Jusqu'an la goule li a tout embatu,

und rabatre = L *re-ad-bat[u]ere*, „niederschlagen", bezeichnen „schlagen mit nicht scharfen Gegenständen" (mit der Faust, Stock etc.); ferir = L *ferire:*

A 1539. Et fiert Hardre dou pommel lez l'oie.

referir = L *referire* und bedeuten „schlagen", „stossen mit scharfen Gegenständen" (Schwert etc.); hurter, deutschen Ursprungs, verwandt mit unserm „hurtig", das eigentlich „im Stoss" bedeutet, drückt ein schnelles, „hurtiges" Stossen aus:

A 968. De son poing destre le hurte sor le bu;

bouter, vom ahd *bôzen*, ist „stossen" mehr im Sinne von „schieben":
A 2441. Vilainnement voz ferai fors bouter.
A 2622. L'uns trait devant, l'autres boute derrier.

9. **Spornen** — esperonner, J 4036; poindre, J 1048. 1123. 1662; brochier, A 145. 175. 1677. J 4016; hurter, A 142. 145. 1476.

esperonner vom ahd. *sporo*, „Sporn", das eigentliche und allg. Wort (unser „spornen"); brochier = L *brochiare (v. *brochus*, spitzer Zahn), mit einer Spitze prickeln, stechen, antreiben; poindre = L *pungere*, mit den Sporen in den Körper des Pferdes „stechen"; hurter (siehe vorig. Art.) „stossen":
A 1476. Les destriers hurtent des esperons tranchans.

10. **Schneiden**, (abschneiden) — taillier, A 2286. J 970; coper, A 391. 704. 713. 753. 875. 891. 1037. 1226. 1247. 1606. 1912. 2016. 2590. 2943. 2945. 3005. 3021. 3040. 3157. 3166. J 117; recoper, A 703; tranchier, A 805. 1347. 1362. 1383. 1561. 1680. 1936. 3028; J 362. 520. 553. 3765; detranchier, J 371. 387; desmembrer, J 2588. 3281. 3354. 3818.

taillier, dessen Ursprung noch nicht ganz klar (v. L *talea*?) ist eigentlich „behauen, zuschneiden", aber auch „zerschneiden" (vom Fleisch A 2286), „schneiden" = scharf schneiden (J 970); coper v. L. *colaphus* (κόλαφος) Faustschlag, Backenstreich, bedeutet eigentlich „niederschlagen", dann „abhauen, abschneiden" schneiden und wird im A und J immer in der Bedeutung „Glieder vom Körper abschneiden, abhauen", gebraucht: coper le chief, la teste, les membres etc.; sein Compos. recoper wird im figürlichen Sinne verwandt:
A 702—03. „Damme", dist il, „bien m'avez enchante
      Et mon service et mes dons recopez";

tranchier, von L *trans*? (wie percier aus per, avancier aus avant?), „scharf durchschneiden" (vielleicht stärker als coper); zerschneiden: tranchier le chief, le pis, la forcelle etc. Seine Composita: detranchier und desmembrer = L *de-exmembrare* (*membrum*) eigentlich „entgliedern" bedeuten „zerhauen, in Stücke hauen, zerstückeln":
J 387. Et detranchai jusqu'a quatre destriers.
J 3354. Ansoiz vouldrait toute iestre desmembree.

11. Zerbrechen — fraindre, A 221. 378. 939. 2208; J 203. 1052. 1057; brisier, A 378. 463. 939. 1311. 1478. 1650; rompre, A 1487; desrompre, A 462. 1996. J 1053. 1332. 1902; fendre, J 1901. 4018; quasser, J 4059; desquasser, J 1071; descirrer, J 1446. 2188; depecier, J 1332; croissir, J 4018; desmailler, J 1072.

fraindre = L *frangere*, etwas Hartes, Sprödes, das sich nicht biegen lässt, brechen, auch bildlich:

    A 377—78. La veissiez un estor commencier,
              Tant escu fraindre, tante lance brisier.
    A 2208. Qui envers moi ait fraite s'amistie.

brisier, vom ahd *bristan**) (?), brechen, — etwas zertrümmern, in viele Stücke zerschlagen.

    A 939. Li maubre brisie (d'un monstier gaste);

rompre = L *rumpere*, zerreissen, sprengen, etwas Biegsames oder mehrere Theile mit einander Verbindendes:

    A 1487. LX mailles li rompi dou hauberc;

desrompre = L *de-ex-rumpere, entzwei reissen, auseinander sprengen:

    A 462. Je vi Hardre la grant presse desrompre;

im abstrakten Sinne:

    A 1996. Lor amistiez fu moult tost desrompue.

fendre = L *findere*, „spalten", nach dem natürlichen Gefüge in Theile trennen; quasser = L *quassare*, „heftig schütteln, schüttelnd beschädigen, zerschmettern", namentlich spröde Gegenstände; desquasser = L *de-exquassare, „auseinanderbrechen in Folge heftigen Schüttelns, Schlagens etc."; descirrer, aus den L Praefixen *de-ex* und ahd. *skërran*, „zerren" (nfrz. déchirer), „zerzerren, zerreissen", besonders von gewebten Stoffen:

    J 1446. Se ses drapiaus n'eust si descirrez.
    J 2188. Froissent cil mast, et cil voile descirrent;

depecier = L *depetiare, „zerstückeln":

    J 1331—32. Et nonporquant un mantel ai ici
              Tout depecie, desrompt et desarti;

---

*) nach Schuchardt (Zeitschr. für rom. Phil. 1882, p. 423) keltischen, nicht deutschen Ursprungs.

croissir, vom goth. *kriustan*, mit Krachen, Knacken zerbrechen; desmailler = L *de-exmaculare*, von *macula*, die Maschen (eines Harnisches etc.) zerbrechen, auseinanderreissen.

12. **Verändern** — changier, A 1558, 2642; muer, J 3023. changier = L *cambiare (cambire)*, ist das allgemeinere Wort (v. Lafaye p. 433), und verhält sich zu muer = L *mutare*, wie unser „vertauschen" zu „verändern":
 A 1558. La vostre espee a la moie est changie.
 J 3023. Quant Jordains l'oit, touz li sans li mua.

Gruppe III.
Verba des Bewegens von Gegenständen.

13. **Ziehen** — traire, A 2622. trainer, J 3285. 4124. 4125; saichier, J 3019.
 traire = L *trahere*, allg. „ziehen":
  A 2621—22. A la charrete s'ont prins a charroier,
   L'uns trait devant l'autres boute derrier;
trainer ebenfalls v. L *trahere* abgeleitet, bed. schleppen, schleifen, nachziehen:
  J 4123—25. A un roncin ont Fromont atele,
   Si le trainent contreval la cite,
   Et son neveu ont aprez trainne;
saichier = L *saccare* v. *saccus*, „Sack"; etwas aus seiner Umhüllung hervorziehen, „das Schwert aus der Scheide ziehen":
  J. 3019. L'escu embrace et l'espee saicha.

14. **Werfen** — gieter, A 909. 2336. 2349. 2403. 2899. 3330. 3438; J 312. 1271. 3025. 3564; boter, A 2441, J 3367; lancier, A 2021; J. 2757; aterrer, J 3615. verser; J 3008, 4062; abatre, A 493. 1568. 1580. 2014; craventer, J 1054. 4086.

gieter = L ejectare, werfen, schleudern (cfr. DC. *jactus*), in allg. Bed. sowohl hinauswerfen als auch irgendwohin werfen, auch bildlich:

A 2336. Quant fors de Blaivies me feistez **gietier**.
A 3438. Quant me gietastez a duel et a torment,

boter, v. ahd. *bôzen*, schiebend etwas fortbewegen, daher auch „Jemand hinauswerfen":

A 2440—41. Se ne faitez mon palais delivrer,
Vilainnement voz ferai fors **bouter**;

lancier = L *lanceare* v. *lancea*, „eine Lanze werfen", dann allgemeiner „mit grosser Geschwindigkeit und Wucht werfen":

J 2757. Lancent maint dart et maint espie quarre;

aterrer = L *ad-terrare*, auf die Erde werfen, **verser** = L *versare (vertere)*, von etwas herabstürzen, = werfen:

J. 3008. Que dou cheval a terre le versa;

abatre = L *ad-batt[u]ere*, „niederschlagen", und **craventer** = L *crepentare* (?) v. *crepare*, bedeuten „niederwerfen, niederschlagen", letzteres mit der Nuance: „mit lautem Geräusch, Getöse niederschmettern".

15. **Aufheben** — lever, A 2885, relever. A 839, 2215, sozlever, A 670. 969, haucier A 1069. 3019. 3027. essaucier, A 2090.

lever = L *levare* „erheben" (als Reflexiv „sich vom Lager erheben"):

A 2985. S'espee lieve, ocirre les voldra.
A 664. A mienuit toute seule se lieve;

relever = L *relevare*, „aufheben", dann Refl. „sich erheben aus der Ohnmacht" (A 2215); **sozlever** = L *subtus-levare*, „von unten nach oben heben", ohne wesentlichen Unterschied (cfr. A 670 u. A 839); **haucier** = L *altiare*, v. *altus*, „in die Höhe heben", in feindlicher Absicht seine Hand (A 1069) oder Waffe erheben, um Jemand zu verletzen:

A 3027. Puis vint a l'autre, hauce le brant d'acier.

essaucier = L *exaltiare, „herausheben, erhöhen, stark, mächtig machen" bes. im fig. Sinne gebraucht:
A 2090. Je voz cuidrai servir et essaucier.

16. **Wiederauferstehen** — resusciter A 3246, 2975. 3136. 3137. 3405, resordre A 3350, se redrescier A 2970. 2975. 3136. 3137. 3405.

resusciter = L re-suscitare, wieder in die Höhe richten, resordre = L re-surgere, wieder aufstehen und se redrescier = L se *redirectiare, sich wieder aufrichten in gerade Stellung; — werden im gleichen Sinne „vom Tode, aus der Ohnmacht erwachen" gebraucht.

17. **Aufhängen** — pendre, A 763, encroer, A 763.

pendre = pendere, hängen, aufhängen, encroer = L *incrocare (altnord. krôkr), „anhaken, an einen Haken, Nagel hängen".

18. **Neigen** — cliner, A 579. 745. 1094; encliner, A 1240. J 3239; baissier, J 3833; abaissier, A 1346. 1357. 1552. 2083.

cliner = L clinare (im Schriftlatein nicht üblich) und sein Comp. encliner = L inclinare, „beugen, neigen", sowie baissier = L *bassare (bassus), „senken" und abaissier = L *ad-bassare, „hinneigen, hinfallen" — sind im Sinne „den Kopf neigen" gleichwertig; cliner wird auch intransitiv vom Untergehen der Sonne und abaissier wird bildlich gebraucht (A 2083).

19. **Öffnen** — ouvrir, J 1854; deffermer A 3187.

ouvrir = L aperire, ist das allgemeine Wort; deffermer = L *de-exfirmare, „erschliessen", „etwas vorher Festes, Geschlossenes aufmachen".

20. **Schliessen** — fermer, A 365. 2957. 3254; clorre, J 2282; serrer; enserrer, J 3732; barrer, A 2957; verroillier, A 3033.

fermer = L firmare (firmus), fest machen, befestigen, eine Thür einfach schliessen, zumachen; clorre = L clau-

dere, clodere, schliessen, zumachen, mit dem Schlüssel verschliessen:

J 2282. Adont fait l'escring clorre*)

serrer; enserrer (cfr. den folg. Artikel); barrer = L * *barrare* v. cymbr. (= celtisch) *bar* = Querbalken, der zum Verschliessen dient, — und verroillier = L * *veruculare*, von *veruculum*, nfrz. verrou, Riegel. — bedeuten „verriegeln":

A 2957. Les huis ferma, si les a bien barrez.
A 3033. Moult par a fait les huis bien verroillier.

21. **Binden** — liier, J 1315. 4064; serrer, J 4064.

liier = L *ligare*, binden, fesseln; serrer = L *serare*, (von *sera*, Thürriegel, eigentl. Knüpfband), aneinanderknüpfen, -schliessen, Gegenstände mit einander fest verbinden (cfr. sérail):

J. 4064. Les mains li fait et loier (fesseln) et serrer (zusammenschliessen).

22. **Anfüllen** — emplir, A 3389, J. 817; raemplir, J 2562; combler, A 2594. 2599; acomplir, A 189. 1634, J 1437.

emplir = L *implere*; raemplir = L * *re-ad-implere* (wiederholend und verstärkend) — und combler = L *cumulare (cumulus*, Haufe) — bedeuten „anfüllen" von Gefässen etc. und sind ohne wesentliche Bedeutungsunterschiede, während acomplir = L * *ad-complere* hauptsächlich von der Zeit gebraucht wird:

J 817. Il en emplist une grant nef d'or mier.
J 2562. Qui sont d'avoir et d'armes raempli.
A 2599. D'or et d'argent la charrete comblee.
J 1437. Bien a set ans acomplis et passez.

23. **Beladen** — chargier, A 2283, J 3109; trorser, A 2283.

---

*) Der von Laf. für das Nfrz. angegebene Unterschied: „On ferme proprement une porte ou ce qui a une porte, et, par conséquent, un objet de peu d'étendue, comme une maison etc. Clore suppose quelque chose de plus vaste, un terrain, un jardin, un parc, une ville" galt demnach für das Altfranz. noch nicht.

chargier = L *carricare von carrus, ist nach Lafaye abstrakt und bez.: „beladen" mit der Last, die ein Mensch oder ein Tier für gewöhnlich trägt oder zu tragen im Stande ist; trorser = L *tortiare (v. tortus, Part. v. torquere), etwas zusammendrehen, zu einem Packet, einer Last, — ist konkret: „aufgürten", beladen, aufladen.

24. **Versammeln, vereinigen** — assembler, A 330. 1078. 1148. J 128, 1047. 3432; auner, A 529. J. 3928; entremesler, J 3437.

assembler = L assimulare v. simul ist das allgemeine Wort; auner = L adunare, etwas vorher Getrenntes oder Zerstreutes mit einander vereinigen, sodass es zu einem ganzen (ad-unum) wird (Truppen etc. vereinigen); entremesler = L *inter-miscular e von miscere, „untereinander vermischen", zu einem bunten Haufen vereinigen:

J 3437—38. Cent homes vit, qui sont entremesle
Por la pucelle qui tant avoit biaute.

Gruppe IV.
Verba der Bewegung.

25. **Gehen** — aler, A 3199, J 2695, raler, J 1593; marcher, J 2696.; errer, esrer, A 164. J 1206. 1229. 2142. 2576. 2696. 2882. 3199. 4142.

aler = L *vandare (?), allg. gehen, reisen; sein Comp. raler = L *revandare, wiederreisen; marcher, vom ahd. marcha, Grenze(?), „treten, marschieren", errer, esrer = L iterare (iter), „reisen", meist in der Bed. „umherreisen, umherirren, um etwas zu suchen":

J 4142—43. „Sire", fait il, „longuement ai esre
Por un messaige que voz ai aporte".

26. **Durchschreiten** — passer, A 203. 484. 2044. 2518; traverser, A 203.

passer = L *passare von passus, „Schritt", „zu Fuss etwas durchmessen, durcheilen", „passiren", „an etwas vorbei-

kommen, vorübergehen"; traverser = L *transversare
von transversus (nfrz. travers „quer"), „quer durch etwas
hindurchgehen":

A 203. Passent les bors et les citez traversent.

27. Laufen, stürzen — corre, A 3416. 3417; randonner, A 3416; eslaissier, A 1934. 2015. 3385. 3394; J 1096.
1856. 2638; verser, A 1460. J 1707.

corre = L currere ist das allg. Wort; randonner
von nicht recht durchsichtiger Etymologie, „mit Aufwendung
aller Kraft (randon), mit möglichster Schnelligkeit laufen":

A 3416—17. De tant com pot et corre et randonner,
Corrut son pere baisier et acoler;

eslaissier = L *ex-laxare (von laxus, locker, weit, geräumig), eig. „erweitern, losmachen, entfesseln"; einer Sache
freien Lauf lassen, die Zügel lockern, schiessen lassen, in
grösster Eile, ohne sich an etwas zu kehren, irgendwohin
stürzen:

J 1856. Au maistre tref s'en va touz eslaissiez;

verser = L versare, mehr „stürzen" im Sinne von „fallen"
(cfr. diesen Art.):

A 1460. Ainz trebucha et li glouz est versez.

28. Zögern — arrester, A 204. 334. 1115. 1596.
3126. 3183. 3218. 3413. 3426. 3453; J 1460. 2648; demorer,
A 2266. 3280. 3412. 3429, J 2877. 3347. 4071; sejorner,
A 464. 582. 2800. J 2916. 2527. 4138; delaier, A 2654,
J 2943. 3666. 3774; targier, A 787. 2667. 2986. 3032. 3469;
J 3586; atargier, A 422. 957. 2722. 2982. 3298. 3377; J 3595;
resnes tirer, A 485; prendre fin, A 1116; prendre arrestement, J 3632; metre terme, J 3628; respiter, A 812; asloingnier, J 2926. 3506. 3797.

arrester = L *ad-re-stare (von stare, stehen), bleiben,
anhalten; demorer = L *demorare, verweilen aufhalten;
sejorner = L *subdiurnare, bleiben, zögern; delaier =
L dilatare von dilatum v. differre (?)*); targier = L *tar-

---

*) cfr. Zeitschrift für rom. Phil. Bd. VI, 1882, S. 108 und 109.

dicare von *tardare (tardus,* langsam); **atargier** = L *ad-tardicare*; [resnes tirer, die Zügel ziehen, anhalten; prendre fin; prendre arrestement und metre terme] sind durchweg mit sans oder einer anderen Negation verbunden und dienen promiscue zum Ausdruck einer unterbrechungslos vor sich gehenden Reise; **respiter** = L *respectare* ist „aufschieben" und **asloingnier** = L *adlongare* oder *exlongare? (longus),* „hinziehen, ausdehnen, in die Länge ziehen".

29. **Schiffen** — naiger, A 2047. 2631. 2653; sygler, A 2047.

naiger = L *navigare (navem-agere),* allg. „ein Schiff vorwärts bewegen"; **sygler,** von unserm „segeln" (altnord. *sigal,* Segel), ein Schiff durch Segel vorwärts bewegen.

30. **Sich einschiffen** — s'esquipper, J 2672. 3084. 3295; s'en entrer, J 3141. 3295; s'enpoindre, J 3084; se renpoindre, J 2876; s'embatre (en la mer), J 3301.

s'esquipper, vom ahd. *skif,* „Schiff", sich einschiffen (cfr. Art. „ausrüsten"); **s'en entrer** = L *intrare,* eintreten ins Meer; **s'enpoindre** = L *se-impungere,* „hineinstechen", mit dem scharfen Kiel in die Meereswogen eindringen; **se renpoindre** = L *se reinpungere,* wieder einschiffen; **s'embatre (en la mer)** = L *se inbatt(u)ere,* „hineinschlagen", den Kiel in die Wogen hineinstossen, = schlagen.

31. **Aufbrechen** — partir, A 3296, J 987. 1145. 1683. 2943. 2947. 4217; departir, A 115. 244. 644. 1595. J 1729; se movoir, A 826. 1722. 3282. 3470; J 3064; s'esmovoir, J 986; se lever, J 1361; s' avoier, J 3667; s'acheminer, J 2964; s'arouter, J 2821.

partir = L *partire* für *partiri,* teilen und **departir** = L *departiri* — meist und wohlbegründet mit se verbunden: „sich teilen, sich trennen, aufbrechen"; **se movoir** = L *se mo-vere* und **s'esmovoir** = L *se exmovere,* sich in Bewegung setzen, aufbrechen; **se lever** = L *se levare,* sich erheben, aufmachen.

Während die bisherigen „aufbrechen" in allgemeiner Bedeutung bezeichnen, haben die folgenden den engeren Sinn „sich auf den Weg machen".

s'avoier = L *se ad-viare (via, Weg, Landstrasse, durch Menschen angelegt); s'acheminer = L *se ad-caminare (caminus, Feueresse, Weg des Feuers, dann Weg überhaupt) und s'arouter = L* se adruptare (via „rupta", ein durch Wald, Hügel etc. gebrochener Weg) — lassen ihrer engen Bedeutung wegen keine wesentlichen Unterschiede zu.

32. **Verlassen** — guerpir, A 45. 2141; J 130. 641. 2485. 2849. 3158. 3327. 4007; deguerpir, A 925; laisser, J 3141; delivrer, A 2440; issir, A 218. 355. 368. 483. 583. 1117. 1124. 1305. 1429. 3130. 3472; J 305. 599. 798 957. 961. 962. 2485. 3258. 3595. 4011; sortir, J 322; abandonner, A 460. 2952, J 921. 2231. 2239. 2414. 3368. 3384. 3939. 4210; faillir, J 2515.

guerpir, goth. *vairpan*, ahd. *werfan*, — „werfen, wegwerfen, verlassen, überlassen":

A 45. En icel jor a guerpie sa terre.

Das Compositum **deguerpir**, sonst gleichbedeutend mit dem Simplex, ist in A und J besonders: „verlassen, ablegen von Kleidungsstücken":

A 925. L'auberc ne l'iaume n'a il pas degerpi.

laisser = L *laxare*, eig. „lockern, los lassen", daher die Bedeutung „verlassen".

J 3141. En mer s'en entrent, si laissent la contree.

delivrer = L *de-liberare*, (etwas räumen, etwas von seiner Anwesenheit) befreien:

A 2440—41. „Se ne me faitez mon palais delivrer,
 Vilainnement voz ferai fors bouter."

Ebenfalls lokal und ohne allen Nebensinn, jedoch mehr in der Bedeutung „herausgehen, ausgehen" werden gebraucht:

issir = L *ex-ire*, — Des nes issirent J 3595 etc. — und sortir = L *sortire* f. *sortiri*, zunächst vom Herausspringen des Looses aus der Urne gebraucht, dann allg. „aus einem Raume heraustreten".

Während alle diese nur ein räumliches Verlassen bedeuten, bezeichnen: abandonner = L *ad-bandon-are*

v. a. *bandon*, „nach freiem Willen, frei" (cfr. A 158. 218. 630. 641. 1200. 1209. 1678. 1831. 2730. 2817. 3431. 3485. 3489) gebildet, dies von *ban* = ML *bannum, bandum*, (bestes a bandon, Tiere ohne Aufsicht, um die sich niemand kümmert) — und faillir = L **fallire (fallere*, täuschen, trüglich im Stich lassen), verlassen, sowohl im Sinne „weggehen", als auch „überlassen, im Stiche lassen, preisgeben":

J 3367—68. Qu' a un bordel sera mise et boutee;
    Lors si sera a touz abandonnee.
J 2515. Ne me faudront por a perdre les testes.

33. **Wenden** — torner, A 178. 403. 523. 2255. 2304. 2606. 2724. 2989; J 1059; vertir, A 2576; s'en destordre, A 2298.

torner = L *tornare*, „drechseln", „runden", drehen, wenden:

A 178. Vers lui se torne.

vertir = L *vertire f. *vertere*, drehen, wenden, hinwenden; s'en destordre = L **se-inde-de-ex-torquere*, sich wegwenden, meist verächtlich.

34. **Nähern** — aprocher, A 579. 685. 970. 1584. 2332. 2502; J 674. 3452; s'approcher, A 669; avanser, J 3001; s'avanser, A 681.

aprocher = L *appropicare von *propior*, — „n'exprime que le fait du rapprochement par l'abréviation et la diminuation de la distance: ce qui est loin, approche; s'approcher désigne non le simple fait d'une plus grande proximité, mais surtout l'action par laquelle ce fait est produit c'est-à-dire l'action de franchir l'espace intermédiaire, sa manière, sa durée, sa difficulté". (Lafaye.)

A 579. 970. 1584. Li vespres aproche.
A. 669. Au lit le conte s'i est tost approchie.

Ebenso verhalten sich avanser = L *abantiare (?) und s'avanser, indem ersteres das blosse Geschehen, letzteres aber die Art und Weise des Geschehens bezeichnet. Der Unterschied von approcher und avanser ist augenfällig: approcher bezeichnet ein „Näherkommen" (= devenir proche), avanser ein „Vorwärtsgehen" (= aller en avant).

35. **Gelangen, erreichen** — jouster, J 3001. 4056; assener, J 1176. 2734. 2885. 3154. 3431; attaindre, J 2771; consevre, J 2846.

jouster = L *juxtare* von *juxta*, — „neben" jemand kommen, zu ihm gelangen; assener, unklaren Ursprungs = L *adsignare**)? oder von ahd. *senno*, Verstand**)? — (cfr. DC. *assennatio*), sich richten nach, irgendwo anlangen; attaindre = L attingere *(ad-tangere)* „anrühren", berühren, feindlich berühren, erreichen; consevre = L *consequere* f. *consequi*, unmittelbar nachfolgen, nachfolgend erreichen, einholen.

36. **Zurückkehren** — torner, J 2266; retorner, A 79. 102. 585. 679. 850. 1230. 1697. 1699. 1706. 1709. 1861. 1896. 1900. 2039. 2056. 2225. 2289. 2574. 2812. 2863. 3291. 3455. 3478. 3486. 3493; J 1125. 1381. 1880. 4072; revertir, A 1430; revenir, A 1327. 1785. 3371. 3375. 3402; J 841. 1679; repairier, A 385. 387. 393. 438. 589. 952. 1645. 1734; J 850. 1015. 1020. 1368. 1417. 1735. 1850. 2936. 3584. 3657.

torner = L *tornare* (v. *tornus*) drehen, umdrehen):

J 2266. Huimais devons a la damme torner;

retorner = L *retornare*, wiederumwenden:

A 79. Au conte Amile devommez retorner;

revertir = L *revertire* f. *reverti*, bezeichnen „umwenden, um zurückzukehren", also den Anfang des Zurückkehrens, während revenir = *revenire*, zurückkommen, — und repairier = L *repatriare*, „ins Vaterland zurückkehren"; — die Vollendung der Rückkehr ausdrücken.

37. **Hinabsteigen** — descendre, A 2479. 3113. 3299. 3301. 3414. 3425. 3430; avaler, A 2259. 2445. 2704. 2726. 3059; J 333. 1385.

---

*) cfr. Zeitschr. für rom. Phil. Bd. VI 1882, pag. 424
**) cfr. Zeitschr. für rom. Phil. Bd. VII 1883, pag. 480.

descendre = L *descendere (de-scandere)*, hinabsteigen, sowohl buchstäblich (Treppen, Hügel etc.) als auch figürlich (= abstammen); **avaler**, von aval = L *ad vallem*, vom Berg zu Thal, — hinabsteigen, herablassen; ist nur lokal: avaler dedans la chartre J 333, — la cuve A 3059, sonst immer — les degrez:

38. **Fallen** — chaoir, A 182. 412. 886. 1213. 1481. 1531. 1542. 1577. 2342. 2563. 2969. 2974. 3075. 3403. J 702. 858. 1005. 1147; verser, A 379, 1460; J 210. 661; trebucher, A 222. 379. 1460. 1482. 1681. 2114. J 210. 248. 1058. 1931. 3010.

chaoir = L *cadere*, allgemein „fallen"; **verser** = L *versare*, Freq. von *vertere*, „drehen, wenden, umstürzen", ist ursprünglich transitiv; **trebucher**, aus *trans* und dem ahd. *bûh*, „Bauch"; über etwas hin (*trans*) fallen, „straucheln" — findet sich mit verser meist in tautologischer Verbindung: „straucheln" und „stürzen":

J 208 und 10. La veissiez un estor si mortel,
L'un mort sor l'autre trebucher et verser.

39. **Wogen, rauschen,** (vom Meer) — trourbler, J 2146; floter, J 2146; bruire, J 2159; engrossier, J 2166.

trourbler = L **turbulare (turbula)* und **floter** = L *fluctuare* (von *fluctus*, Woge), wellenförmig bewegen, heftigen Wellenschlag erregen (cfr. Diez, Wörterbuch I, 280) — sind transitiv:

J 2146. Ez voz un vent qui la mer trourble et flote.

(ein Wind, der das Meer erregt und wogen macht); **bruire** = L *rugire* (verstärkt durch ein prosthetisches b), — brausen, rauschen, daherstürmen; **engrossier** = L **ingrossare (grossus)*, „wachsen", grösser werden, vergrössern, vom wallenden, Sturm gepeitschten Meer gebraucht, das sich durch das Auswerfen, Hervorschleudern gewaltiger Wellen gleichsam ausdehnt, wächst.

C. Das individuelle Leben.
a) Das physische Leben.
Gruppe V.
Verba des körperlichen Allgemeinbefindens.

40. Leiden, Dulden — souffrir, A 2024. 2876. 3145. 3348. 3356. J 480. 1527; endurer, A 2024. 3269; J 1527; dolouser, J 1406. 3188.

souffrir, L *sufferire* für *sufferre*, eigentlich „untentragen", sich einer Sache unterziehen, etwas Übles ertragen; — ist das allgemeine Wort für „leiden, erleiden, sich passiv verhalten", drückt aber mehr als endurer das Empfinden des Leidens aus; endurer, = L *indurare*, „hart machen, härten, stählen", übernahm später auch die intransitive Bedeutung „ausdauern, aushalten" und bedeutet „aushalten", ruhig, geduldig im Ertragen eines Leides ausharren:

A 3355. Toz sui garis de la grant maladie
Dont jai souffert tante male haschie.
A 3268—69. Moult par ont bien lor labors emploie
Le mal qu'il orent por Ami endure;

d o l o u s e r = L *dolorare(?)*, ist ein vorübergehendes „Schmerz empfinden", verursacht durch ein bestimmtes, Jem. widerfahrenes Leid:

J 3187—88. Quant elle treuve la pucelle plorant,
Si la demande; „Por quoi dolousez tant?"

41. Genesen — respasser, A 2790. 2808. 3266; resvigourer, A 2949. J 3903.

respasser = L *re-ex-passare (passus)* wieder „heranschreiten" zur Gesundheit, nach und nach wieder gesunden; resvigourer, v. L *re-ex-vigorare* v. *vigor (vigere)*, „die Lebenskraft wieder erlangen."

A. 2949. De mes dous fiz seras resvigoures.

Gruppe VI.
Verba der Leibespflege.

α) der Ernährung:

42. **Ernähren, aufziehen** — norrir, J 84. 579. 1589. 2246; amaisnier, J 84; alever, J 2246.

norrir, = L *nutrire*, „säugen"; jemand ernähren durch Speise und Trank, „aufziehen" nur insofern die Existenz gefristet wird; amaisnier = L **admansionare* (v. *manere*, bleiben), setzt hinzu, dass Jemand ausser der leiblichen Nahrung auch Obdach *(mansionem)* erhält, dass er im Hause des Ernährers aufwächst, aufgezogen wird; alever = L *adlevare*, eigentlich „emporheben, aufziehen", — entspricht unserm „erziehen", jemand aufziehen, indem man sowohl für das leibliche als auch für das geistige Wohl Sorge trägt.

43. **Essen** — mengier, A 1081. 1156. 1334. 1602. 1604. 1606. 1754. 2088. 2265. 2287. 2311. 2343. 2613. 2652. 2657. 2695. 3249. 3255. 3258. 3261. 3312. 3317. 3335. 3372; J 4135 ; cener, A 1290; disner, A 2265. 3321. J 4137; souper, A. 1083. 1142. 1153. 1601.

mengier = L *manducare* von *mandere*, kauen, essen ; — ist das allgemeine Wort; cener = L *coenare (coena)*, „speisen", ist seltener als mengier und meist poetisch:

A 1290—91. O vos apostres cenastez (Jesus) liemant
Enz ens desers, ou jeunerent tant.

disner = L **deescinare**)? oder = L *discinare (discus)***)?
— „zu Mittag essen"; souper, vom niederd. *sûpen*, saufen (schwed. *supa*) — „Suppe" (Fleischbrühe, mit hineingeschnittenen Brodstücken, das im Mittelalter gewöhnliche Abendessen); essen, zu Abend essen.

44. **Sättigen** — estanchier, A 3366; saouler, A 3418.

estanchier, von noch zweifelhafter Etymologie, = L

---
*) Bönsch, Zeitschr. für rom. Phil. Bd. II 1878, pag. 419.
**) Suchier, ib. pag. 429.

exemptiare „der Wirksamkeit entheben, ausser Thätigkeit setzen, befriedigen, Genüge thun", oder v. *stantiare* „zum Stehen bringen", oder ob an *extinguere* zu denken ist? (cfr. Gött. gel. Anz. 1877 st. 51):

A 3366. L'ostes le baise, ne s'en pot estanchier;

saouler = L *satullare (satur)*, „genug" bekommen, sättigen:

A 3417—18. Corrut son pere baisier et acoler
Et Amis lui, ne s'en pot saouler.

Beide also im figürlichen Sinne gebraucht.

β) der Heilung:

45. **Heilen** — saner, A 2792. 2861. 3049; medecinner, A 2862; garir, A 2808. 2810. 2998. 3081. 3087. 3147. 3355.

saner = L *sanare (sanus)*, „gesund machen, heilen":

A 2792. Que n'est nus mires qui me poist saner;

medecinner = L *medicinare*, „durch Arzneimittel heilen":

A 2861—62. Se voz volez, bien me poez saner
Et le mien cors tres bien medecinner;

garir, vom goth. *varjan*, ahd. *werjan*, eine Krankheit abwehren, zurückdrängen:

A 3087. Quant Amis fuet garis et haitiez.

γ) der Kleidung:

46. **Anziehen** — vestir, A 212. 233. 625. 725. 772. 843. 897. 1031. 1054. 1453. 1642. 1919. 2072. 2321. 2329. 2423. 3096. 3102. 3107. 3220. 3424. 3425. J 1745; revestir, J 1326; atirier, A 3097. 3099; endosser, J 3960; affumbler, A 2155; lacer, A 212; chaucer, A 233. 725. 2321. 2329. 2423; J 541.

vestir = L *vestire*, ankleiden; revestir = L *revestire*, wieder bekleiden; atirier, von goth. *tairan*, ahd. *zeran*, „anziehen", ordnen, rüsten; endosser, aus *in* und *dorsum* (der Rücken, horizontal gedacht, also der Tiere), eigentlich etwas (eine Decke etc.) auf den Rücken (der Tiere) legen, dann allgemein „anziehen", „anlegen".

Die folgenden haben eine eingeschränktere Bedeutung: affumbler = L *affibulare;* einen Mantel, der vermittelst einer Fibula (Spange, Schnalle) befestigt wird, zuschnallen, anlegen; lacer = L *laqueare (laqueus)*, bezieht sich hauptsächlich auf den Helm, den man durch „Zuschnüren" befestigt:

A 212. Vestent haubers, lacent elmes reons; chaucer = *calceare (calx*, Ferse), beschuhen, mit Schuhen versehen. Stets mit vestir tautologisch verknüpft:

A 233. Vostre empereres s'est vestus et chauciez

47. Ausziehen — despoiller, A 935, J. 1225; degerpir. A 925; oster, A 1031. 1054; toldre, A 1161.

despoiller = L *dis-spoliare (spolium)*, degerpir, = L *de-werpire*, von ahd. *werfân*, „verlassen", „die Kleider verlassen", oster = L *haustare*, Freq. von *haurire*, schöpfen, leeren, entleeren — und toldre = L *tollere*, wegnehmen, entfernen, — bedeuten „ausziehen" von Kleidern (besonders *oster* und *toldre*) und Rüstung (besonders *despoiller* und *degerpir*):

A 925. L'auberc ne l'iaume n'a il pas despoillie,
A 935. L'auberc ne l'iaume n'a il pas degerpi.
A 1054. Ostez vos dras, et les miens vestirez.
A 1161—62. Et Lubias a les siens dras tolus
Delez le conte s'a couchie nu a nu.

48. Schmücken — parer, A 3424. J 679, 3963; acesmer, J 4158; gemmer, J 3922.

parer = L *parare*, „zubereiten, zurechtmachen, schmücken"; acesmer, nach Schuchardt (Jahrb. XII. 114) von *cima* „Gipfel, Höchstes einer Sache" *(cimare* „abstutzen"), eigentlich durch „Abstutzen", Beschneiden etwas verschönern, üblich in Verbindungen wie „au gent cors acesme" (J 4158); gemmer, nur im Part. Pass. gebraucht, „mit Edelsteinen schmücken":

J 3922. elmes gemmez.

δ) der Rüstung:

49 Ausrüsten — conraer, A 99. 898. 1071. 1140. 2030. 2035. 2470. 3220. 3317; J 775. 1375; appareillier, A 259. 3300. 3314. J 598. 1369. 1798. 1809. 2918; apprester, A 205. 836. 1242. 1602. 2162. 2446. 3249. 3312. 3588. 3919. 3943. 3969. 4135. 4154; atorner, A 2593. 3285; J 1153. 1171. 1205; esquipper J 3295; garnir, A 2030. 2035.

3358; J 775. 3584. 3588. 3601. 3836; — armer, A 364. 790. 893. 1443. 1654. 1664. 1850. J 1744 1794. 2730. 3747. 3926; adouber, A 37, 173. 211. 1444. 1452. 1842. 1857. 3267. 3460; J 191. 1646. 2968. 3921. 3959; radouber, J 3972; ferveatir, A 1443; J 2730. 2739; haubergier, J 3747.

conraer, aus *cum* und dem goth. *raidjan* (Ge-räth), allgemein „bereit-, zurechtmachen"; appareillier hängt mit L *ad-parare* zusammen und bezeichnet vollständig bereiten, zurechtmachen, sodass nichts mehr fehlt:

A 3315. „Venez laver, tout est *appareillie*."

aprester = L *ad-praestare*, hebt hervor, dass das Ausrüsten in vorzüglicher, vollkommener Weise geschieht; atorner = L *ad-tornare*, eigentlich „zudrechseln" bezeichnet „ausstatten, zurecht machen, behaglich herrichten":

A 2592—94. Une charette ont li serf achatee,
Trois sols en donnent, moult l'ont bien *atornee*
Et de fresche herbe et joinchie et comblee.

esquipper, vom ahd. *skip* „Schiff", einschiffen (cfr. diesen Art.), „ein Schiff zur Fahrt rüsten, mit allem versehen", später auch von anderen Gegenständen; garnir, vom ahd. *warnôn* („warnen") hauptsächlich „rüsten, ausrüsten zu Vertheidigungszwecken", von Städten A 3358, J 3584. 3836, von Schiffen J 3588, von „France" J 3601, an den anderen oben angeführten Belegstellen von Menschen, Kriegern.

Während die bisherigen Worte die allgemeine Bedeutung „rüsten, ausrüsten" haben, bezeichnen die folgenden mehr „waffnen, bewaffnen" von Kriegern; armer = L *armare*, von *arma*, hat ganz allgemeine Bedeutung; adouber = L *adobare*, (v. DC. s. v.) von ags. *dubban*, „einen Schlag geben" bezeichnete zuerst „zum Ritter schlagen", dann die bei der Ausrüstung zum Ritter übliche Ceremonie und endlich „waffnen, bewaffnen" überhaupt; radouber = *re-adobare*, wieder bewaffnen; fervestir = L *ferro-vestire*, aus *ferrum* und *vestire* gebildet, eigentlich „in Eisen kleiden", „harnischen"; stets mit armer in tautologischer Verknüpfung; hausbergier = L *halsbergiare (den Hals bergen), „den Halsberg, Harnisch anlegen".

ε) der Bestattung:

50. Begraben — enterrer, A 3165, J 1144; enfoir, J 1129.

enterrer = L *in-terra-re, „beerdigen", enfoir = L *infodire für infodere, „eingraben".

b) Das psychische Leben.
Gruppe VII.
Verba der Sinnesthätigkeit
(der psycho-physischen Sphäre).

51. Hören — ouir, A 11. 38. 104. 109. 228. 364. 460. 684. 705. 853. 1110. 1130. 1276. 1702. 2126. 2194. 2323. 2346. 2628. 2642. 2697. 2753. 2846 3016. 3017. 3361. 3451. J 941. 3834; entendre, A 1. 161. 411 578. 696. 806. 1093. 1102. 1409. 1415. 1466. 1588. 1675. 1955. 2081. 2270. 2292. 2363. 2429. 2442. 2459. 2516. 2620. 2638. 2695. 2846; J 44. 2221. 3830. 3885. 3920. 4149; escouter, A 322. 986. 1008. 1687. 2246. 2555. 2799. 3204; J 919. 1380. 3614. 3953.

ouir = L audire, hat den allgemeinen Sinn: „hören" = „durch den Gehörsinn wahrnehmen" (altfrz. noch ganz gebräuchlich); entendre = L intendere, setzt voraus, dass wir auch den Sinn, die Bedeutung eines Geräusches oder gesprochenen Wortes verstehen; escouter = L auscultare, auf Jemand oder etwas hören, aufmerksam zuhören, horchen, lauschen. „D'ordinaire écouter est la condition ou le moyen d'entendre". (Lafaye.)

52. Sehen — veoir, A 409. 554. 1451. 2064. 2431. 2640. 2803. 2816. 3227. 3272; garder, A 2252. 2271. 2684.

2690. J 1183. 1219. 2873; esgarder, A 649. 653. 775. 1015.
1451. 1686. 2064. 3118. 3323; regarder, A 993. 1341. 1903.
2229. 2284. 2367. 2374. 2383. 2525. 2967. 2984.; J 882.
1232. 1502. 3032; espiier, J 2873.

veoir = L *videre*, „mit dem Gesichtssinn wahrnehmen",
also allg. „sehen, erblicken", was zufällig in den Bereich
unseres Auges fällt; — ist passivisch und unfreiwillig. Die
folgenden deuten eine Anstrengung, etwas zu sehen, an;
garder, vom ahd *wartên*, ausschauen von der „Wart",
„Ausschau halten, Acht haben":

A 2252. Devant lui garde, si a choisi un fust.

esgarder, aus L *ex* und *wartên*, „schauen, betrachten, prüfen,
ansehen":

J 1448. Dist la pucelle: „je l'ai moult esgarde".

regarder, aus *re* und *wartên*, „ansehen, hinblicken, hin-
sehen, zusehen"; es lag in *regarder* nicht (wie Lehmann meint)
der Begriff des Wartens, Spähens ausgedrückt. „On voit
un objet qui fait sensation sur l'œil, on regarde celui sur
lequel on dirige ou on fixe ses yeux à dessein" (Lafaye);
espiier, vom ahd. *spehôn, spiohon*, „spähen", ausspähen,
— ist stärker als *garder* und seine Composita.

53. **Bemerken** (das Wahrnehmen, Erfassen der Dinge,
auf die unsere Augen geheftet sind) — veoir, A 1779. 2235;
choisir, A 2252, J 2275. 2316. 2445; percevoir, J 1193;
(s')apercevoir, A 2256; (se) garder (de), J 3098.

Das Verhältnis von veoir zu den folgenden ist ganz
analog seiner Stellung in der vorhergehenden Nummer; es
bezeichnet einfach das Erfassen, Bemerken von Gegen-
ständen, welche zufällig in unsern Sehkreis fallen, die fol-
genden dagegen meist das Resultat eines scharfen, ange-
strengten, beabsichtigten Ausschauens, Ausspähens; choisir,
vom goth. *kiusan* (unser „kiesen, küren"), prüft das sich
von fern den Augen Darbietende, bezeichnet also ein Be-
merken von Weitem, das nicht recht klar und deut-
lich ist:

A 2252. Devant lui garde, si a choisi un fust;

perceovir = L *percipere (per-capere)*, ist ebenfalls ein unvollkommenes Erkennen, ein flüchtiges Gewahrwerden; (s')apercevoir = L *ad-per-capere, ist ein vollkommeneres, genaueres Wahrnehmen, bemerken = erkennen; (se) garder, vom ahd. *wartên*, bemerken, wahrnehmen, sich einer Sache bewusst werden;

J 3098. Mais la pucelle de ce ne se gardoit.

Gruppe VIII.

Verba der intellektuellen Thätigkeit.

54. **Denken, sinnen** — panser, A 454. 455. 2121. 2708. 2994; apanser, J 233. 1258; porpanser, A 2924, J 3102.

panser = L *pensare*, Freq. von *pendere*, wägen, — ist „erwägen, denken, nachdenken".

Seine Composita:

apanser = L *ad-pensare, bedenken, überlegen, ersinnen:

J 1258. Il s'apansa d'une voisdie grant;

und insbesondere porpanser = L *perpensare, „durchdenken" — bezeichnet ein schärferes, tieferes Nachdenken, Ueberlegen. (Wie L *pendere* resp. *pensare* im Franz. zu der Bedeutung „denken" gekommen ist, erhellt bes. aus A 2917—28).

55. **Glauben** — croire, A 1280. 3071; cuider, A 757. 822. 1163. 2081. 2090. 2097. 2468. 2642. 2666. 3396.

croire = L *credere*, eig. „trauen, vertrauen, einer Sache überzeugt, gewiss sein, etwas fest glauben".

A 3071—72. Moult puet bien croire que il est ses amis,
  Quant ses douz fils a si por lui ocis;

cuider = L *cogitare*, glauben, vermeinen, dass etwas geschieht, womit das Gefühl der Furcht oder Hoffnung ver-

bunden ist (mit einer einzigen Ausnahme [A 3396]), deshalb stets mit folg. Infin.:
   A 757. Hardre l'entent, le sens cuida desver.

56. Unterscheiden — triier, A 3100; dessevrer, A. 3105. 3343.

t r i i e r = L *tritare*, freq. von *terere (granum terere*, Korn ausdreschen), also eig. „zerreiben", die verschiedenen Bestandteile, aus denen ein Ding besteht, von einander scheiden, woher die allg. Bedeutung „unterscheiden"; d e s s e v r e r = L *dis-separare*, „auseinandertrennen". — Beide werden in ganz gleicher Bedeutung gebraucht, cf. A 3098—3106.

57. Suchen — querre, A 60. 75. 101. 819. 825. 852. 900. 943. 1636. 2306. 2399. 2419. 2615. 2729. 3458. 3473; J 150. 354. 504. 2440. 2453. 3466. 3707. 4182; requerre, A 803. 1209. 1286; J 115. 1529. 1722; enquerre, A. 3304; porquerre, A 2891; J 236; chercher, A 2958; J 2956; encherchier, A 3304. 3309; J 3755; demander, J 2440. 2453.

q u e r r e = L *quaerere*, allg. „zu finden, zu erwerben, zu erfahren suchen". Die Comp.: r e q u e r r e = L *re-quaerere*, „wiedersuchen", „aufsuchen"; e n q u e r r e = L *in--quaerere*, eine Sache eindringend untersuchen, erforschen; p o r q u e r r e = L *perquirere*, „durchsuchen, eifrig aufsuchen"; c h e r c h i e r = L *circare*, um sich herumsehen, Umschau halten, suchen, an den beiden Belegstellen „durchsuchen":
   A 2958—59. Les chambres cherche environ de toz lez
               Que aucuns hom ne fust laienz remez.
   J 2955.   Le pais cherche comme homme esgarez.
e n c h e r c h i e r = L *in-circare*, aufmerksam, forschend suchen, erforschen; d e m a n d e r = L *demandare*, verlangend, fragend suchen:
   J 2440. „Oriabel, que je quier et demant."

3*

Gruppe IX.

Verba der Gefühlsthätigkeit.

α) **Der Gemütsbewegung.**

58. **Sich erfreuen** — s'esjoir, A 1113 1120. 1343. 1355; J. 495. 566; s'esbanoier, A 2523; J 63. 1416. 1542. 1548. 2110; estre esbaudi, A 1335; s'esbatre, J 1358; se deporter, J 1393. 1405; deduire, A 3428; gaber, A 499. 2005; delitier, A 499. 2005.

s'esjoir = L *ex-gaudere, ist wie *joie* subjektiv und hängt von dem individuellen Seelenzustande und Charakter ab. Die übrigen sind objectiv; s'esbanoier, mit „ban" zusammenhängend, „sich aus dem Bann thun"; — „sich ergötzen, belustigen", durch Vergnügungen, Feste, Spiele etc.:

A 2523. Qui s'esbanoient as tables et as des;

(cfr. Rol. O. Vers 111); esbaudi(r), vom goth. *baltha*, ahd. *bald*; esbatre, = L *exbat(u)ere; deporter = L *deportare* — und deduire = L *deducere*, sind im wesentlichen gleichbedeutend: „sich durch Feste, Spiele vergnügen, die Zeit vertreiben, sich erholen von den Mühen und Sorgen des Tages". Die Folgenden bedeuten an den Belegstellen „sich erfreuen, ergötzen durch sinnlichen, geschlechtlichen Genuss". Gaber, vom nord. *gabb* „Verspottung", *gabba* „täuschen, anführen, Scherz treiben mit jemand"; delitier = L *delectare* (deliciae) „sich ergötzen". Beide immer tautologisch verknüpft:

A 2004—5: Le soir se jut li dus lez sa moillier;
Quant gabe orent et assez delitie;

(cfr. A. 498 f.).

59. **Fürchten** — craindre, A 1528; J 159; douter A 1528; J 2564. 2740. 3227. 3612. 3620. 3045; redouter, A 927. 936; J 159. 1470. 1948. 2906. 2976.

craindre = L *tremere*, zittern; — ist das allgemeine (und gebräuchliche) Wort; douter = L *dubitare*, eigentlich „zweifeln", zurückbeben vor etwas, das einem zweifelhaft,

nicht geheuer erscheint, „stark, heftig fürchten"; redouter
= L *redubitare, drückt ein noch stärkeres Fürchten aus.

60. **Erschrecken** (sich stark, heftig fürchten) — estre
espoante, A 2278. 3045; J 2984. 3215. 4081; estre esbai,
A 3133; J 1724. 2234. 2848; estre esmarri, A 1576. J 3260;
estre effraie, A 719. 729. 1166. 1168. 2563. 2795. 2850. 2905.
3193; J 198. 2741. 3920; s'esmaier, A 1366. 1633. 1637.
2676. 2906; J 505. 887. 996. 1342. 1421. 1628. 3457; estre es-
perdu, A 1983. 2972. 3041; estre desconfortez, J 2949.

s'espoanter = L *se expaventare von expavere, „sich
entsetzen", — zeigt die Tendenz, einer drohenden Gefahr
durch die Flucht auszuweichen:

J 4081—82. Cil de dedens sont moult espoante,
    Qu'il voient bien, n'i ot nul recouvrez.

Die übrigen bezeichnen den Zustand, in den die Seele durch
heftigen Schreck versetzt wird (Läf.); esbai(r), gebildet aus
Lat. *ex* und der Intrejection „*ba*", ist „erschrecken" mehr im
Sinne „auf's höchste erstaunen", durch einen plötzlichen
Anblick, eine unerwartete Nachricht, die gar nicht unan-
genehm zu sein brauchen:

A 3133—35. Se esbahi, n'en soiez merveillant,
    Toute pasmee a la terre s'estant
    De la merveille que elle voit si grant
(dass die Kinder wiederauferstanden sind); esmarri(r), vom
goth. *marzjan*, ahd. *marrjan* = *impedire, scandalizare, irri-
tum facere*, „sich betrüben, erstaunen, erschrecken":

J 3260. Que el l'entent, moult par fu esmarrie;
effraie(r), nach Förster*)=L*ex-frid-are (v. fridu „Friede")
eig. „aus seiner Ruhe stören"; — es bezeichnet ein vor-
übergehendes Erschrecken vor einer Sache, die einem plötz-
lich, unerwartet entgegentritt:

A 719. „Ne soiez effraez!"

(s')esmaier, aus L *ex* und dem goth. *magan* „mögen"; — „vor
Schrecken die Kraft verlieren", sich vor etwas so „entsetzen",
dass einem die Besinnung und die Fähigkeit des Gebrauchs

---

*) Zeitschr. für rom. Phil. 1882, pag. 109.

seiner Glieder geraubt wird, bezeichnet wie s'effraier ein
starkes, plötzliches aber vorübergehendes Erschrecken:
    A 1633. „Ne t'esmaier!"
    A 2676 „Le voz esmaiez si!"
Auch estre esperdu = L * *ex-perdutus* (*ex-perdere), „zu
Grunde gerichtet sein, auf's heftigste erschrecken, vor Schreck
seine Besinnung verlieren", — drückt zwar einen sehr
starken aber nicht andauernden Schrecken aus; estre desconfortez = L * *dis-con-fortatus*, entmutigt, verzagt, der
Hoffnung beraubt sein, — bezeichnet einen dauernden Seelenzustand, eine anhaltendere Erschütterung des Gemüts:
    J. 2949—50. Mais de c'est il auques desconfortez,
            Que il est si en estranges regnes.

    61. **Rasend werden** — desver, A 757. 822. 1466.
2270; J 521. 527. 751. 2427. 2539. 4041; enraigier,
A 780. 1132; J 384. 525. 527. 1116. 1682. 2392; s'esperdre,
J 2478.

desver, von noch nicht ganz klarer Herkunft [das
Partic. *desve* lässt nach Diez vorangegangenes *desipit (desipio)*
vermuten — oder = L**desaevare (saevus)*?*)], „ausser sich geraten, toll'werden". In A immer in der Verbindung „le sens
cuide desver". In J meist: „par un poi qu'il ne desve"; enraigier = L *in-rabiare (rabies), „in Tollheit, Raserei geraten, rasend werden vor Zorn":
    A 780. A poi d'ire n'enraige.

(s)esperdre, = L * *ex-perdere*, „sich vor etwas aufs Höchste
entsetzen, so dass man die Besinnung, die Fähigkeit zu denken
verliert" (cfr. vor. Art.).

    β. **Der Aeusserung der Gemütsbewegung.**

    62. **Seufzen, Wehklagen** — souzpirer, J 942. 1520.
2311. 3419; gramoier, J 1570; gaimenter, J 215. 1296;
deplaindre, J 1544; desmenter, J 1685. 2795. 2802. 2806.
2961. 3178. 3380. 4194.

---

    *) cfr. Zeitschr. für rom. Phil. 1881. 177 u. 178.

souzpircr = L *subtus-spirare*, tief Athem holen, tief aufathmen, seufzen, unartikuliert und als unwillkürliche Folge eines beklommenen Herzens:
J 942. Plore des iex, parfondement souzpire;
gramoier = von unserm „*Gram*", sich grämen, seinem Gram, Kummer durch Worte Ausdruck geben:
J 1570. Oriabiax oit Jordain gramoier;
gaimenter, vielleicht eine Umbildung von la(i)mentare in Anlehnung an die Interjection *guai*, „wehklagen, seufzen, stöhnen":
J 1296. Si com Jordains se gaimentoit ainsiz.
deplaindre, = L *deplangere*, „schlagen", insbesondere „sich vor Trauer auf irgend einen Teil des Körpers, besonders die Brust oder Arme schlagen", — laut klagen, jammern:
J 1544. Et le soir plore et deplaint soi forment;
desmenter = L *de-ex-mentare (mens)* „vor Trauer, Schmerz ausser sich sein, sich in seinem Schmerz wie ein Unsinniger geberden":
J 1684—85. El vergier entre, soz un aubre s'assist,
Dont se demente com uns autres chaitis.

63. **Weinen** — larmoier, J 1520. 1528. 1780. 2618. 2639; plorer; A 104. 543. 587. 829. 1096. 1251. 1276. 1533. 2041. 2292. 2442. 2579. 2848. 2917. 3053. 3152. 3185. 3233. 3362. 3406; J 1520. 1528. 1780. 2618. 2639.

larmoier = L *lacrimare*, überhaupt „Thränen vergiessen aus irgend einem (auch physischen) Grunde"; plorer = L *plorare*, im bitteren Schmerz laut schluchzend weinen; — „beweinen".

64. **Zittern** — trambler, J 3697; fremir, A 1540 J 462. 3255.

trambler = L *tremulare (tremere)*, allgemein „zittern, erzittern, beben"; fremir = L *fremere*, eigentlich „rauschen, brausen, summen", bez. dann die das Brausen des Wassers verursachende wellenförmige Bewegung, wodurch man leicht zu der Bedeutung „zittern" gelangte.

Gruppe X.
Verba der Willensthätigkeit.

65. **Befehlen,** — mander, A 795. 1238. 1608. 2804. 3465; J 251. 680. 742. 3807; commander, A 575. 834. 1278. 1393. 1609. 1664. 1853. 1858. 2033. 2175. 2280. 2481. 3253. J 295. 368. 744. 755; rover, A 783. J 2185.

mander = L *mandare*, ist ein gelindes „befehlen": „Jemandem etwas zur Ausführung auftragen, anbefehlen", wobei man auf seine Treue und Zuverlässigkeit rechnet; commander = L *commendare*, hat einen etwas schrofferen Sinn: allgemein „befehlen, heissen", den Wunsche oder Willen zu erkennen geben, dass etwas geschehe:

    A 1278—79. Et commandas (dex) au baron Abrahant
                  Que sacrifice feist de son anfant;

daher auch „anempfehlen, anvertrauen" (J 3941), Gott (J 1778. 4157), dem Teufel (J 2780); rover = L *rogare*, „bitten, befehlen", bezeichnet im A und J ein striktes „Befehlen":

    J 2184—86. „Mauvaise gent haie,
            Qui me rouvez a partir de m'ammie,
            Je nel feroie por a perdre la vie."

66. **Lenken, regieren,** — gouverner, J 2598, justicier, J 345. 550. 2628. avoier, J 2394. 2636.

gouverner = L *gubernare*, als Steuermann lenken, wobei der Lenkende im Stande sein muss, drohende Gefahren zu erkennen und abzuwehren; justicier = L **justitiare* von *justus*, setzt voraus, dass der Lenkende sich von den Grundsätzen der Gerechtigkeit und Billigkeit leiten lässt:

    J 2628. Raurez la terre que devez justicier;

avoier = L **ad-viare* von *via*, „auf den Weg weisen", ist namentlich von der göttlichen Führung gebraucht:

    J 2394. Tost la porroit dammeldex avoier.

Also *gouverner* „umsichtig lenken", *justicier* „richtig und gerecht leiten", *avoier* „auf den richtigen Weg weisen".

67. Anstrengen, mühen — (s')esvertuer; (s')efforser; pener, A 89. 328. J 182. 2115. 3548; traveillier, A 89. 328; J 182. 2115. 2040.

(s')esvertuer, aus L *ex* und *virtus*, und (s')efforser, aus L *ex* und *fortia (fortis)* — werden promiscue gebraucht:

J 1230. Tant s'esvertue que il au fuist se prant;
J 1320. Tant m'efforsai qu'a cel chier fust me pring.

Die folgenden: pener = L *poenare von *poena* „peinigen, bestrafen, büssen, kasteien, — sich Mühe geben, anstrengen" — und traveillier = L *trabiculare (trabs)*, „rollen mit einem Balken, rädern, peinigen, mühen" — sind transitiv und verhalten sich so, dass *pener* auch auf die Seele, den Geist wirkt, während *traveillier* nur die körperliche Anstrengung bezeichnet. Mit Ausnahme der zwei citirten Stellen, aus denen zugleich ihr Unterschied erhellt, kommen sie nur tautologisch verbunden vor:

J 3549. Por le traiter qui tant l'a fait pener

(Fromont, der über J, da er seine Eltern getötet und ihn von seinem Erbe vertrieben hat, solches Leid verhängt hat):

J 3039—40. Tant ai ale et le pais cerchie
Que j'ai le cors moult forment traveillie.

Also *s'esvertuer* und *s'efforcer* bedeuten allgemein „sich anstrengen", *pener* und *traveillier* sind transitiv, ersteres wirkt auf Geist und Körper, letzteres nur auf den Körper.

68. Versuchen — tenter, J 2623; essaier, A 260; J 388. 2623; esprover, J 389.

tenter = L *tentare*, von *tendere*, eigentlich „(um-, be-)spannen", betasten, befühlen, die Beschaffenheit einer Sache durch ein „tastendes", vorsichtiges Versuchen prüfen, um darnach sein ferneres Verhalten gegen sie einzurichten; essaier = L *exagiare*, von dem unklassischen *exagium*, das „Wägen, Prüfen" — „versuchen", was man kann, vermag, oder wozu eine Sache tauglich; esprover = L *exprobare* (Comp. mit intensiver Bedeutung), von *probare*, „ausprobieren", — geht mehr auf die Qualität: — ob und

bis zu welchem Punkte man auf eine Person rechnen kann.
Die beiden letzteren auch = in Versuchung führen:
J 2622—23. Tout ce voz fait Jesucris envoier
Por voz tenter et por voz essaier.

D. Der Verkehr der Menschen untereinander.
a. Im Allgemeinen.
Gruppe XI.
Verba der Äusserung und Mitteilung.

69. **Sprechen** — dire, A 250. 556. 620. 674. 728. 817. 976. 1061. 1593. 1633. 1779. 1947. 2213. 2750. 3326; J 1640. 3074. 3795. 4245; faire, A 719. 1588; J 464; parler, A 103. 112. 183. 460. 558. 610. 746. 1060. 1093. 1102. 1394. 1702. 1703. 1913. 2281. 2480. 2739. 2776. 3270. 3407; J 952. 1522. 3644. 4126; reparler, A 2095; faveller, J 2423; sonner, A 2908. 2918; J 1398; deviser, A 1829. 2948; J 2748. 2890. 3074. 3220. 3577. 3642. 4241; conter, A 556. 817. 887. 1134. 1173. 1589. 2290; conseillier, A 1963.

dire = L *dicere*, dessen Funktionen es noch vollkommen ausübt: „sagen, sprechen, erzählen"; faire = L *facere*, eigentlich „machen", dann „sagen", doch nur im eingeschobenen Satze:

A. 919. „Sire", fait elle, „ne soiez effraez";

parler = grlat. *parabolare*, eigentlich „in Gleichnissen reden", dann allgemein „reden, sprechen"; reparler = L *reparabolare*, „wiedersprechen"; faveller = L *fabellare*, gemütlich plaudern, sich unterhalten in zwangfreier, gemächlicher, zum Zeitvertreib dienender Unterhaltung; sonner = L *sonare*, ertönen, verlauten lassen, — sprechen, immer in der Verbindung „un mot sonner":

A 2918. Ne sot que faire, ne pot un mot sonner;

deviser = L *divisare*, von *dividere*, teilen, zergliedern; genau, bis ins einzelne gehend, auseinandersetzen (cfr. insbesondere J 2743—48); conter = L *computare*, „zusammenzählen", die Einzelheiten einer Begebenheit „aufzählen", „erzählen"; conseillier = L *consiliare*, „raten", dann „sprechen", Jemand etwas „mitteilen" in der Absicht, ihm dadurch einen Rat zu erteilen:
A 1963. Enz an l'oreille a conseillier li prinst.

70. **Rufen** — crier, A 706. 1463. 1536. 2157. 2365. 2378. 2380. 2451. 2569. 3252; J 695. 1099. 3816; escrier, A 90. 404. 1414. 1543. 1556. 1693. 2379; J 197. 943. 1046. 3020; huchier, A 796. 1748. 2215 2334. 2696; J 58. 1631. 1935. 3022; braire, A 1536; claimer, A 2093 J 1147. 4236; appeller, A 695 718. 747. 781. 810. 815. 872. 881. 1344. 1587. 1610. 1745. 1841. 1846. 1856. 1886. 2069 2111. 2279. 2314. 2356. 2371. 2454. 2509. 2536. 2611. 2627. 2689. 2771. 2991. 3047. 3409; J 285. 532. 532. 1154. 3936.

crier = L *quiritare*, „einen Hülferuf erschallen lassen, laut rufen":
A 706. A sa vois haute commensa a crier;
escrier = L *ex-quiritare*(?), oft reflexiv gebraucht, „ausrufen" und auch einfach „rufen", „herbeirufen"*):
A 404—5. Il escria la gent enmi la pree,
Si s'escria a sa vois qu'il ot clere:
huchier = L *hucciare* (v. DC.) von *huc*(?); „herrufen", laut rufen; gleichbedeutend mit *crier:*
A 2334. A son pooir commensa a huchier.
braire = L **bragire*, von *bragal* (cymbr.)[?], „Geräusch machen, — schreien, wehklagen"; claimer = L *clamare*, rufen, nennen:
J 1147. Et il se claimme: chaitis maleourez!
appeller = L *appellare*, rufen = heranrufen, anreden mit dem Jemand zukommenden Titel oder Prädikat:
A 695. 801. La gentiz damme a le conte appelle.
A. 872. Hardre l'appellait on.

---

*) cfr. Zeitschr. für rom. Phil. 1880, 112. Anmerkg.

71. **Begrüssen** — saluer, A 1374. 1509. 1995. 2483; J 3228; conjoir, A 185. 1127.

saluer = L *salutare* (salus, Glück, Heil), Heil wünschen, begrüssen; conjoir = L *con-gaudere*, eigentlich „mitfreuen", die gegenseitige Freude über das Wiedersehen kundgeben; es bezeichnet also einen innigeren, freundschaftlicheren Gruss als saluer.

72. **Anreden** — apeller, A 1150. 2262. 2747; J 2400. 2422; acointier, A 238; amentevoir, A 1029. 1981. 2980. arraisnier, A 324. 453. 500. 611. 2007. 2073. 2172. 2640. 2991. 3313; J 746. 1162. 1341.

apeller = L *appellare*, „anreden, ansprechen", allgemein; acointier = M L *adcognitare*, „bekannt machen, benachrichtigen; Jemand anreden, um ihn von etwas zu benachrichtigen"; amentevoir = L *ad-mentem-habere*, ins Gedächtnis zurückrufen; Jemand ansprechen, um ihn an etwas zu erinnern; arraisnier und arraisonner = L *ad-rationare (ratio)* „anvernünfteln", Jemand vernünftig, weise anreden (cfr. Rol. Vers 3536).

73. **Fragen** — demander, A 191. 1058. 2460; J 3230. 3422; enquerre, J 3422.

demander = L *demandare*, abfordern (cfr. befehlen Art. 65); daher frz. „fordern, Auskunft verlangen, fragen"; enquerre = L *in-quaerere*, „hineinforschen", nachforschen, ausforschen, prüfend, untersuchend fragen.

74. **Berichten** — nuncier, A 1924. 3373. 3399; J. 3659. 3777; conter, A 2476. 2582. 2859. 3215. 3264; J 3804. aconter, J 4204; raconter, A 3419; acointier, J 368; deviser, J 3546, 4119; faire certain, J 3041.

nuncier = L *nuntiare*, allgemein verkündigen, melden; conter = L *computare*, zusammenrechnen, rechnen, zählen, — erzählen im gewöhnlichen Unterhaltungston; aconter = L *ad-computare*, gleichbedeutend mit conter; raconter = L *re-ad-computare* ist wiederholend und verstärkend, „wiedererzählen", mehrmals, genau erzählen, um zu belehren; acointier = L *ad-cognitare (cognitare)*, bekannt machen mit, etwas benachrichtigen (cfr. Art. 72); deviser = L *divisare*, bis in's einzelne erzählen; faire certain = L *facere certaneum, eigentlich „Jemand einer Sache sicher machen, vergewissern" ; — Jemand sichere Kenntniss von etwas geben (vgl. L *certiorem facere*).

75. **Versichern** — creanter, A 2842; J 330. 1160. 1262: asseurer, J 2656. 2724; avoir en convenant, J 3174; afier, J 303. 1164. 1525. 1635; s'entrafier, A 200; affichier, J 377. 552; fiancier, A 276. 2407; J 108. 554. 1584. 3330; plevir, A 306. 512. 559. 598. 880. 912. 990. 1408. 1783. 2104. 2407. 2883; J 554. 593. 1584. 3330; jurer, A 831. 836. 1408. 1780.

creanter = L *credentare von *credent(em)*, Jemand etwas versprechen, versichern, indem man auf dessen Glauben baut, üblich in der Verbindung: gel voz di et creant (A 1262. 2842); asseurer = L *ad-securare (von *securus*), „versichern" im Sinne von „vergewissern":

J 2656—57. Es chascuns d'euls bien li asseura
Que ja nuls d'euls por riens ne li faudra;

avoir en convenant = L * *habere in convenient(e)* (— *ant[e]*), mit Jemand etwas verabreden:

J 3174—75. Ja m'euz tu l'autrier en convenant,
Que me menroiez a mon pere le franc;

afier = L * *ad-fidare*, von *fidus*, etwas versprechen, indem der Versprechende sich auf seine Treue und Redlichkeit (*fides*) beruft:

J 303—4 Tuit li afient chevalier et borjois
Quant qu'elle lor demande.
J 1525. Je voz affi qu'il est de franche geste;

s'entrafier = L * *se inter-fidare*, einander versichern, geloben, ebenfalls auf Treu und Glauben; affichier = L *ad-figicare (von *figere*), „anheften, durch einen Anschlag bekannt machen", dann „öffentlich vor aller Welt etwas als wahr hinstellen, versichern":

J 377—78. Or puis bien dire por voir et affichier,
Qu'a mauvais home ai donne m'ammistie;

fiancier = L *fidentiare*, von *fidentia (fidere)*, versprechen, eig. durch den Schwur des Vasallen dem Lehnsherrn gegenüber, „versprechen unter Verpfändung seines Worts, sich ergeben, Treue geloben"*):

A 276—77. Tout orendroit le m'a il fiancie,
Chascun donra quatre chastiax en fie;

plevir, das Bartsch (Zeitschrift für rom. Phil. 1878, 309 f.) auf ein anzusetzendes gothisches *plaihvan zurückführt, bedeutet „durch einen Eid versprechen, Jemand seiner Treue versichern"; meist in Verbindungen wie: plevir sa foi, A 306. 512. 880 — sa loiaute A 559; jurer = L *jurare*, „schwören, etwas durch einen Schwur bekräftigen".

76. Anbieten — presenter, offrir.

Der von Lafaye für das Neufranzösische angegebene Unterschied:

„On ne présente (= L *praesentare*) que des choses présentes, qu'on met devant les yeux ou sous la main; on offre tout ce qu'on met en avant (de „*ferre*", porter et „*ob*", devant, en avant) tout ce qu'on propose, et, par exemple, des choses absentes, abstraites ou à venir. „Vous présentez un bouquet; vouz offrez des services"

galt im Afrz. noch nicht; vielmehr zeigt sich an den Belegstellen im A und J der gegenteilige Gebrauch:

A 1066. Li siens services voz sera presentez.
A 1644. Un anel d'or i a offert le jor.

77. Bitten — rover, A 2889. 2910; mander, A 2488. 3465; J 1466. 3514. 3518; demander, A 1145. 2694, J 304; semondre, A 457, J 3831; proier, A. 576. 998. 1618. 2079. 2178. 2186. 2630. 2785. 2895. 3008; J 43. 367. 502. 587. 699. 3025. 3462. 3622. 3831. 4068; deproier, A 715; reclamer, J 1264; conjurer, A 678. 2892.

rover = L *rogare*, „ersuchen", um eine Gefälligkeit, Wohlthat anhalten; — betteln:

A 2889. Aler rouvant mon pain par abeies;

---

*) Cfr. Tobler, Zeitschr. für rom. Phil. 1881, p. 188.

mander = L *mandare*, sowohl feierlich, inständig bitten
(= *proier*) als auch „Jemand um etwas ersuchen, Jemandem
etwas zur Ausführung übertragen" (cfr. Art. 65 „befehlen"):
    A 2488. Par deu voz mande que voz le retenez.
    A 3465—66. Li cuens Amiles manda a Belissant
               Qu'elle li gart moult bien son tenement;
demander = L *demandare*, „bitten" mehr im Sinne von
„begehren, verlangen, fordern", auch = „betteln":
    A 2694. Bienfait demande por deu qui ne menti;
semondre = L **summonere*, „auffordern" im Gefühl seines
Rechts oder seiner Macht:
    J 3831. Et d'issir fors touz les semont et prie;
proier = L *precari*, „in der feierlichen Stimmung und Haltung eines Betenden Jemand anrufen" (meist unter Anrufung Gottes und dessen, was dem Menschen heilig ist):
    A 998. Et voz proiai por sainte charite.
    J 502. Por deu voz proi le gloriouz celestre;
deproier = L *deprecari*, „durch Bitten etwas Schlimmes von
sich abzuwenden suchen, Gnade erflehen":
    A 712—15. „Lors l'irai je*) l'emperor conter,
               Si voz fera celle teste coper."
               Entre la damme et le conte au vis cler.
               Andui deproient le traitor Hardre;
reclamer = L *reclamare*, „anrufen", Jemandes Beistand in
der Not:
    J 1264—65. Moult doucement va Jesu reclamant
               Que il le maint a droit port sauvement;
conjurer = L *conjurare*, „beschwören, innig bitten" unter
Anrufung alles Heiligen:
    A 678. Je te conjur de deu le fil Marie.

78. **Beten** — orer, A 2798. 2820; J 1568. 2437;
aourer, J 3528; (faire s'orison, A 3110).

orer = L *orare*, „sich in tiefer Ehrfurcht an Jemandes
(besonders Gottes) Güte und Gnade bittend wenden" —
ist intransitiv: „beten":
    A 2798—99. Au matinnet doit on aler orer,
               Por le service et la messe escouter;

---

*) Der Verräter Hardre.

aourer = L *adorare* ist transitiv „anbeten, verehren":
J 3528. Moult devez bien dammeldeu aourer.
(faire s'orison „sein Gebet verrichten.")

79. **Einwilligen** — graer, A 2860; agraer, A 2161; otroier, A 596, 603. 1400. 2183. 2187. 2401. 2860. J 87. 592. 796. 1487. 1730. 2366. 3645; consentir A 2251, 3162; acorder, J 4120.

graer = L *gratare und sein Compos. agraer = L *ad-gratare von *gratum*, was einem „angenehm", „nach Willen und Wunsch" ist; — „etwas für gut befinden, genehm halten, genehmigen":

 A 2859—61. „Se voz osoie ma parole conter
   Et voliiez otroier et graer
   Se voz volez, bien me poez saner;"

otroier = L *auctoricare* für *auctorare*, „bewilligen, gewähren, gestatten"; consentir = L *consentire*, eigentlich mit Jem. empfinden, mitfühlen, übereinstimmen, ihm beipflichten:

 A 596. Compaing serons, sire, se l'otroiez;

acorder = L *accordare von *cor*, „übereinkommen, übereinstimmen", auch *reflexiv* „sich über eine Angelegenheit einigen":

 J 4119—21. Assez i ont et dit et devise,
   Tant qu'en la fin se sont tuit acorde,
   C'on escorchast le traitor prouve.

80. **Verweigern** — refuser, A 481. 697. 1067; J 3359, 3534. 3539; veer, A 744. J 3519.

refuser = L *refusare (re-fundere)* bezw. *refutare*, „einen Bittenden zurückweisen", etwas verweigern:

 J 3539. Cest marriaige ne quier ja refuser;

veer = L *vetare*, etwas „verbieten"; — „eine Bitte abschlagen", „verweigern":

 J 3519—20. Li empereres a fait Jordain mander,
   Et il i vient, que ne l'ose veer.

Gruppe XII.
Verba bezüglich auf Handel und Wandel.

81. **Bezahlen** — paier, J 53; comparer, J 840. 2134. 3763.

paier = L *pacare (pax)*, „zum Frieden bringen", jemand befriedigen, bezahlen; comparer = L *comparare*, „(durch Kauf) beschaffen"; stets als Drohung in der Verbindung: „comparer chier" gebraucht:
J. 840. Se bien nel faitez, tost le comparrez chier.

82. **Verdienen** — desservir, A 1227. 3167; J 605. 650; achater, J. 4211.

desservir = L *de-ex-servire*, „verdienen", nicht allein im guten, sondern auch im bösen Sinne:
A 1227. La mort a desservie;
achater = L *ad-captare*, erwerben, etwas „erkaufen", durch Mühe, Arbeit, Dienste etc., und folglich etwas „verdienen":
J. 4210—11. Toute ma terre voz soit abandonnee.
Vostre soit lige, bien l'avez achatee.

83. **Wiedererlangen** — recouvrer, A 2916. 2928. 2940; recevoir, A 3243; rescorre, J 2207.

recouvrer = L *recuperare (recipere)* und recevoir = L *recipere* werden promiscue gebraucht, allgemein „wiedererlangen":
A 2916. Adonc porroie ma sante recouvrer.
A 3243. De ce qu'Amis a receu sante;
rescorre = L *re-ex-cutere*, „wiederdurchschütteln" *(quatere)*, um etwas zufinden, — durch eifriges, genaues Suchen etwas wiedererlangen.

84. **Verpfänden** — engaigier, A 2648. 2840; ostaigier, A 799; plevir, A 1023.

engaigier = L *invadiare* vom goth. *vadi* „Pfand" — allgemein „verpfänden". „En vous ‚engageant' vous donnez un droit; il est absolument impossible à celui qui s'est engagé de sortir des liens dans lesquels il se trouve pris" (Laf.); ostaigier = L *ostagiare*, vom ML *ostagium*, *hostaticum* (cfr. DC. s. v.), ein Pfand geben, Bürgschaft leisten, sich durch Hinterlegung irgend eines Wertgegenstandes für etwas verbürgen; auch plevir (cfr. „versichern", Art. 75) wird in der Bedeutung „sein Wort etc. verpfänden" gebraucht:

A. 1023. Car l'empereres en a sa foi plevie.

85. **Schicken** — envoier, A 504; trametre, J 1678. 1691. 4183.

envoier = L *in-viare* (*in viam*) „schicken, senden" (bes. Boten.):

A 504. Il m'en a ci quatre mes envoie;

trametre = L *trans-mittere*, „hinüberschicken":

J 4183. De Marcasile sui sa a vos tramis.

86. **Zeigen** — monstrer, A 561. 756. 2165. 2277; demonstrer, A 1299.

monstrer = L *monstrare* (von *monstrum*, Wahrzeichen), eigentlich „mit dem Finger auf etwas hinweisen", dann aber auch: „die Mittel oder Wege zeigen", die zur Kenntnis oder richtigen Behandlung eines Dinges erforderlich sind:

A 2165. Au conte Ami soit la raisons monstree;

demonstrer = L *demonstrare*, „bezeichnen", nachweisen, beweisen:

A 1298—99. La voz baisa Judas par boisemant
Por demonstrer de voz connoissement.

87. **Führen** — mener, A 418. 835. 1174. 1970. 2020. 2098. 2291. 2418. 2456. 2459. 2496. 2512. 2603 2720. 2743. 2749. 2753. 2828. 3186. 3237. 3410. 3449; J. 839. 1077. 2091. 2798. 2799. 2650. 2248. 3428. 4070; amener, J 1455. 1457; enmener, A 2043. 2398. 2454. 3219; J 1366. 3553; demener, A 2226. 3363; J 4237; conduire, A 160. 2463; J 964. 1138. 2670. 2674. 3591; guider, A 366. 372. 3222; J 191. 1769. 2674. 3140. 3591.

mener = L *minare*, drohen, durch Drohungen antreiben, in Bewegung setzen, das Vieh etc.; — hat die abstrakteste und allgemeinste Bedeutung: meist räumlich irgend wohin führen, jemand auf geradem Wege nach einem bestimmten Ziel führen, geleiten, wenn er den Weg nicht kennt:

J 839. Iras a pie, si menras mes levriers.
A 835. Isnellement l'ont au monstier mene.
A 2098. mener guerre.

Seine Compos.: amener = L *adminare*, „herbeiführen":
J 1457. „Correz i tost, serjant, sel m' amenez":
enmener = L *inde-minare*, „wegführen":
A 2041—42. Va s'en Amiles li prouz et li chatainnes,
O lui enmainne la fille Charlemainne.
demener = L *de-minare*, nur tropisch: Freude, Trauer „(voll)führen", bekunden:
A 2226. Dex, com grant duel demainnent;
sehr üblich in der Verbindung „demener grant joie"; conduire = L *conducere* von dux, „Befehlshaber"; — jemand vermöge seiner Autorität, seiner Macht als Herr, Gebietender „führen"; setzt stets das Verhältnis des einsichtsvolleren, sorgfältig leitenden Herrn zu dem seine geringeren Fähigheiten erkennenden und deshalb zuversichtlich sich der Führung anvertrauenden Untergebenen voraus; im A und J mit der einzigen Ausnahme:
J 2674 u. 3591. Et li vens bons qui les conduist et guie;
von der göttlichen Führung gebraucht:
A 2463. J 964. Dammeldex les conduie!
Guier vom goth. *vitan* „beobachten, bewachen" — „jemand geleiten, hüten, begleiten, hauptsächlich, um ihm den Weg zu weisen":
A 366 u. 372. Hardres les guie.
J 1769. Elle le guie par delez un estanc.

„‚Guider' est tout spéculatif, relatif à l'intelligence seule, et marque qu'on l'instruit; ‚conduire' et ‚mener' ont rapport à l'action ou à la volonté qu'on détermine. ‚Guider' sent plus le conseil, ‚conduire' et ‚mener' sentent plus l'autorité" (Lafaye).

b. **Im freundlichen Sinne.**

Gruppe XIII.

Verba der freundlichen Beziehungen.

88. **Lieben** — amer, J 258. 2350. 3782; enamer, J 3350; tenir chier, J 3782.

amer = L *amare*, „lieben"; enamer = L *in-amare, verstärkendes Compos.; tenir chier = L *tenere carum*, „teuer halten".

89. **Ehren** — honorer, A 555. 1006. 1013. 1632. 2745. 3169. 3226. 3320; J 2931. 3524. 3937; prisier, J 3042.

honorer = L *honorare*, durch Handlungen und Benehmen einem Anderen Auszeichnung erweisen, „mit einer Ehrenbezeugung (*honor*) auszeichnen":

A 555. Car sa moillier doit on bien honorer;

prisier = L *pretiare, v. *pretium*, „Preis, Wert", — jemanden wegen seines Wertes, seiner Tüchtigkeit und Tugend schätzen, werthalten:

J 3042 (Que) ceste damme cui je moult pris et aim.

90. **Danken** — mercier, A 3408; gracier, A 2775. 3085. 3090. 3400; J 2625; rendre merci A 3150; rendre grace, A 3078.

Ihrem Ursprung nach sind: mercier = L *mercedare*) danken für „Lohn", „Sold", aus Höflichkeit für etwas, das einem von rechtswegen zukommt; gracier = L *gratiare, von *gratia*, danken für eine „Gunst, Gnade", es dient also zum Ausdruck einer tieferen, innigeren Dankbarkeit für etwas, das man nicht verdient hat. Beide Verba werden an den Belegstellen im A und J gleichbedeutend im Sinne „Gott danken" verwandt:

A 3078. deu prent a mercier;
A 2775. Si gratia Jesu nostre seignor.

---

*) Nach Vising (Zeitschr. für rom. Phil. 1882, S. 381) ist mercier eine direkte Anbildung an *mercit*.

Ganz analog im Gebrauche sind die beiden Verbindungen: rendre merci und rendre grace = L reddere mercedem, bezw. gratias.

91. **Preisen** — loer, A 30. 1045. 1845. 3090. 3414. J 2572. 2625; prisier, A 266. 278. 381. 394 398. 801. 951. 2195. 2327. 2716. 3301. 3306; J 70. 825. 2372. 2620; [aourer, J 176.]

loer = *laudare*, „loben, preisen, rühmen", in Worten eine Vorzüglichkeit anerkennen; prisier = L *pretiare*, (cfr. Art. 89 „ehren"), „schätzen, preisen, hochhalten" wegen seines Wertes; [aourer = L *adorare*, eigentlich „anbeten", dann „Gott preisen":

J 176. Et dist Reniers: „Dex en soit aourez."]

92. **Belohnen** — merir, J 2647; guerredonner J 4206. merir = L *mereri, merere*, (v. DC. s. v.), „belohnen, vergelten, entschädigen", insbesondere das göttl. Belohnen bezeichnend:

J 2646—47. Moult doucement de deu l'en mercia,
Qu'il li merisse les biens que fais li a;

guerredonner = L *widar-donare*, aus ahd. *widar* und L *donare*, eigentlich „wiedergeben", allgemein „vergelten" sowohl im guten Sinne (= belohnen) als im bösen (= strafen, rächen):

J 4205—06. La grans amors que voz m'avez monstree,
Ne porroit pas iestre guerredonnee.

93. **Geben, schenken** — donner, A 432. 532. 2405. 2408. 2489. 2794; J 4240; charger J 2652; baillier, A 435; J 2653. 2939. 3567.

donner = L *donare*, ist das eigentliche und gewöhnliche Wort; charger = L *carricare* (*carrus*, Karre), „beladen mit Geschenken", also „reichlich geben", cfr. besonders J 2652 und 3109; baillier = L *bajulare*, „eine Last übertragen", wie das vorhergehende „belohnen mit Geschenken":

J 2652—53. De son avoir moult grant part li charja.
Et soudoiers jusqu'a vint li bailla.

94. **Helfen** — aidier, A 134. 239. 275. 425. 621. 1381. 1406. 1417. 1965. 2395. 2447. 2647. 2779. 2782; J 45.

483. 829. 1371. 1796. 3459. 3557. 3784. 3870; secorre, A 2978; J 47. 1371. 2788.

aidier = L *ad-jutare*, Intensiv von *ad-juvare*, „helfen, unterstützen, beistehen, hülfreiche Hand leisten demjenigen, der etwas ausführen will, dessen Wirksamkeit und Streben also dadurch gefördert wird"; secorre = L *succurrere*, „zu Hülfe eilen", aus der Not helfen:

A 2447. Li cuens i monte et cil l'i ont aide.
J 1371. Qui si m'avez secorre et aidie,
(die Ihr mir zu Hülfe gekommen seid und beigestanden habt.)

95. **Trösten** — conforter, A 2849. 2743. 2815; reconforter, J 2994. 3179.

conforter = L *con-fortare (fortis)*, „stärken", ermuntern, trösten. Sein Comp. reconforter = L* *reconfortare*, ist wiederholend und verstärkend.

96. **Raten** — conseillier, A 2612; J 3904; donner conseil, J 3905; deviser, J 3907.

conseillier = L *consiliare* ist der übliche Ausdruck; donner conseil = L *donare consilium*, „einen Rat erteilen"; deviser = L *divisare* von *dividere*, Jemand in einer Angelegenheit durch Eingehen in das Einzelne, durch eine genaue „Zergliederung" und Abwägung des Für und Wider einen Rat erteilen, etwas vorschlagen:

J 3904—7. „Biaus nies!" fait il, „bien conseillie m'avez
Foi que doi voz, bon conseil mei donnez.
Or uel lairoie por l'or de dis citez,
Que je ne face quant que voz devisez",

die beiden ersteren bedeuten also einfach „raten", *deviser* aber „planmässig darlegen".

97. **Belehren** — enseignier, J 846; chastier, A 1625; J 955. 1771.

enseignier = L *insignare* von *insignis*, „durch ein Abzeichen kenntlich", eigentlich „kenntlich machen, weisen, zeigen" den Weg etc. und daher „wissen machen, lehren, unterrichten":

J 846. Jordains respont, qui bien fu enseingniez;

ch astier = L *castigare,* eigentlich „durch Züchtigung belehren, zurechtweisen", dann allgemein „Ratschläge erteilen", namentlich in Bezug auf ein bestimmtes bevorstehendes Ereigniss.

98. **Ermahnen** — amonester, J 3940: enorter, J 3929; ramembrer, A 96. 156. 1091, 3503; J 1516. 1549. 2065.

amonester = L *ad-monestare (monere)* *), „Jemand zu etwas raten, zureden, ermahnen etwas zu thun", indem man sich zunächst an seinen Verstand und seine Einsicht wendet; enorter = L *in-hortari,* „aufmuntern, antreiben", indem man sich besonders an das Gefühl und den Willen Jemandes wendet; ramembrer = L *readmemorare (memor)* „Jemand erinnern, etwas ins Gedächtnis zurückrufen", Jemand an etwas erinnern, um ihn aufzumuntern.

99. **Beschützen, behüten** — garder, A 148. 496. 914. 957. 1338. 2310; J 197. 3942. 3138. 3162. 3442; garantir, J 1696. 1706. 3481; garir, A 1182. 1254. 1319. 1440. 2257. 2752. 2763. 3302. 3466; J 1286. 2000. 2720. 3334; gaitier, J 1897; sauver J 1138.

garder, von ahd. *wartên*, nhd. „warten" = *vigilare, curam habere,* allgemein „hüten, behüten, Acht haben auf":

A 148. Qui gardoit bestes el chemin la amont;

garantir „dauernd schützen behüten", stets ein sorgsames Auge auf Jemand haben:

J 3480—81 C'uns sien parrains qui le norri petit
Le garantit si com je l'ai aprins.

J 1696 (u. 1706). S'or eusce armes por mon cors garantir;

garir vom goth. *varjan,* ahd. *werjan* „wehren" (cfr. „heilen" Art. 45), „in bestimmten, einzelnen Fällen etwas Feindliches, eine drohende Gefahr abwehren":

A 1182. Sainte Susanne garis don faus tesmoing.

A 1244. Garis mon cors de mort et d'afoler;

gaitier, vom ahd. *wahtên, wahtan* „wachen, auf der Wacht stehen, aufmerksam, mit wachsamem Auge etwas behüten, in Acht nehmen, auf der Hut sein":

J 1897. Or te ferrai, se ne t'i seiz gaitier;

---

*) cfr. Zeitschr. für rom. Phil. 1879, S. 268.

sauver = L *salvare (salvus)* „heil, unverletzt, im Wohlsein erhalten, retten":
  J 1138. Dex les conduie qui tout a a sauver;
  100. **Beherbergen** — harbergier, A 248. 249. 2223, J 1588. 2044. 3195; osteler, A 2462, J 2726. 3413; (se) loger, J 3700. 3716. 3728.

harbergier von ahd. *heriberga*, „Herberge"; herbergen, einquartieren, namentlich „Jemand beherbergen":
  J 1587—88. Et pere et mere me murtrit par pechie
      En traison, quant l'orent harbergie;

osteler = L *hospitalare (hospes)*, herbergen, übernachten:
  A 2462. Droit a Montramble sont la nuit ostele;

(se) loger = L *laubiare*, von ahd. *laubja, laube*; — „logieren, wohnen, einkehren, Quartier nehmen, sich lagern, einquartieren, verschanzen":
  J 3700. Qui se lojoient defors enmi la pree.

  101. **Verteidigen** — deffendre, J 1014. 2723; chalongier, A 1378 1942, J 1001. 3767.

defendre = L *defendere*, von *fendere* stossen; „etwas abwehren, gegen eine Gefahr verteidigen":
  J 1014. Cil chevalier se deffendent as armes;

chalongier = L *calumniare*, „gegen eine *calumnia*, falsche Anschuldigung, Kabale, auftreten, wegen einer solchen Genugthuung verlangen, Jemand herausfordern oder einen Anderen gegen Tücke verteidigen, Jemandem etwas streitig machen":
  A 1378 u. 80. Ancui voldrai ma damme chalongier
      Envers Hardre le cuivert renoie.
  J 3767—68. Cestui pais li voil je chalongier
      N'i doit avoir fors seul moi heritier.

  102. **Befreien** — delivrer, A 608; oster, A 752.

delivrer = L *deliberare*, allgemein „befreien"; oster, noch nicht ganz aufgeklärten Ursprungs, (= L *haustare*, Freq. von *haurire*, „schöpfen, leeren"?) „frei machen von etwas":
  A 752—53. Se voz de ceste ne poez oster
      Je voz ferai celle teste coper.

  103. **Versöhnen** — paier, J 53; apaier, J 1602; acorder, J 1602; racorder, J 53.

paier = L *pacare (pax)* und sein Comp. apaier = L *adpacare*, bedeuten „in Frieden setzen, in einen friedlichen Zustand bringen", auch „bändigen"; acorder = L *adcordare (cor)*, „in Uebereinstimmung bringen, vereinbaren, versöhnen"; sein Comp. racorder = L *re-ad-cordare*, „wieder in Uebereinstimmung bringen".

104. Gefallen — plaire, A 432 etc.; agreer, A 534; J 920. 2529. 4239.

plaire = L *placere*, ist das allgemeine Wort:
A 432. S'il vos plaist;
agreer = L *adgratare (gratum)*, „nach Wunsch, Willen, angenehm sein":
A 534. Sachiez devoir, c'est ce qui li agree.
A 4239. Mengier i porrent tuit cil cui il agree.

105. Verabschieden — descevrer, A 997. 2122; J 1780. 2520. 2536. 2606. 3585. 4213; (se) departir, A 587. 1096. 2041. 3262, J 467. 2345; prendre congie, J 3566; demander congie, J 3552.

descevrer = L *de-ex-separare*, „trennen, scheiden":
A 997. „Je vos dis bien l'autrier au descevrer";
(se) departir = L *de-partiri*, „sich teilen, trennen":
A 587. Plorant se departirent;
prendre congie = L *prehendere commeatum*, „die Erlaubnis zum Gehen nehmen, Abschied nehmen"; demander congie = L *demandare commeatum*, „um die Erlaubnis zum Gehen bitten".

106. Umarmen — embracier, A 1927. 3361; acoler, A 586. 885. 1094. 1163. 1928. 1938. 2040. 2742. 2754. 2965. 3089. 3209. 3224. 3390. 3417; J 555. 4219; s'entracoler, A 179; estraindre, A 180, 181.

embracier = L *imbrachiare* von *brachium*, Arm, — „umarmen", mit den Armen umschlingen; acoler = L *adcollare (collum)*, „umhalsen", sich um den Hals fallen, fast stets in der tautologischen Verbindung: „baisier (= L *basiare, basium*, „küssen") et acoler" A 106. 586. 885. 974. 1094. 1127. 1298. 1928. 1938. 1942. 1949. 1956. 2040.

2293. 2742. 2754 etc.; s'entracoler = L *se* *inter-ad-collare*, setzt die Gegenseitigkeit voraus: „sich einander umhalsen"; estraindre = L *ex-stringere*, „fest, stark anziehen, drücken":

A 180. Tant fort se baisent et estraingnent soef.

107. **Heiraten** — espouser, A 488. 676. 1796. 1971. 3333; J 931 2353 3536. 3544. 3729; prendre, A 1796. 1974; marier, A 2152. 3537.

espouser = L *sponsare*, Frequent. von *spondere*, „heiraten"; prendre = L *prendere (prehendere)* „nehmen", eine Frau:

A 1973—74. Grans noces firent li fil des franches meres
Com li cuens prinst la damme;

marier = L *maritare*, ist transitiv = „verheiraten":

J 3536-37. Mon fil Ali li ferai espouser.
Ne la porrez, ce cuit, miex marier.

c. Im feindlichen Sinne.

Gruppe XIV.
Verba der feindseligen Beziehungen.

α) Im Allgemeinen.

108. **Betrüben, verdriessen** — desagreer, J 4212; doloir, A 188, 2228; J 246; anuier, A 2347; J 670; grever, A 1659. J 823. 2624; poiser, peser, A 2849; J 226. 1087. 3234; encombrer J 2197; trespanser; irier, J 3766. 3791; airer, J 2952. 3012.

desagreer = L* *de-ex-ad-gratare*, „nicht nach Wunsch, unangenehm sein":

J 4212. Reniers l'oit, forment li desagree;

doloir = L *dolere*, „Schmerz, Trauer fühlen, empfinden";
anuier, wahrscheinlich aus dem lat. Ausdruck *in odio (esse)* entstanden, ist „ärgern, ermüden, langweilen" („dans la soli-

tude, dans toutes les positions où rien n'intéresse, où on regarde tout d'un œil indifférent" Lafaye).

J 670—71. Tant me solvient ces grans nuis anuier;
Ceste m'est, lasse! et si corte et si bries;
grever, = L * *gravare* v. *gravis*, „schwer"; — „beschweren", „drücken, Schaden, Unrecht thun, kränken"; poiser, peser = L *pensare* v. *pensum* (*pendere*, wägen, abwägen); „belasten drücken, niederdrücken, niederschlagen":

J 3233—34. „Saichiez de voir que morte est la meschinne.
Forment m'en poise, c'est veritez bien fine";
encombrer = L * *incumulare* (cumulus, Haufe); eigentlich „versperren, verhindern", dann „beschweren, belästigen, bekümmern":

A 2197. Tant m'a cist maus encombre par pechie;
adoler = L * *ad-dolare* (*ad-dolere*), „betrüben":

J 4214. Et sa marinne en est molt adolee;
trespanser = L * *transpensare*, „sich beunruhigen, traurig sein"; irier = L * *irare* v. *ira* und sein Comp. airer = L * *ad-irare*; — bedeuten eigentlich „erzürnt, erbittert sein", doch auch „betrübt, traurig sein"; sie kommen nur im Particip vor:

J 2952—53. Por son filleul rest forment airez
Qu'il croit qu'il soit noiez et effondrez.

109. **Wegnehmen** — oster, A 1595. 1599. 1690. 1738. 3260; embler, J 237. 2021. 3733; toldre, J 237. 810. 2847.

oster = L * *haustare* (?), Intensiv von *haurire*, allgemein „wegnehmen", dann „einen Tisch abdecken" (die Speisen wegnehmen A 3260); embler = L *inde-volare* „stehlen" im Sinne von „in die Hand praktizieren" *), „wegnehmen, rauben"; toldre = L *tollere*, „nehmen, wegnehmen, entreissen":

J 237—38. Itel seignor m'as tolu et emble
Que plus amoie c'omme de mere ne. —
toldre la vie J 2847 (cf. tolir lo chief Eulal. V. 22).

110. **Täuschen, Betrügen** — faillir, J 2118; enchanter, A 102. 563. 1001. 3337; J 188. 1024; souduire, A 563. 1001.

---

*) cfr. Rönsch, Itala u. Vulgata, p. 372.

2247; engingnier, J 92. 99. 2170. 3812; agaitier, A 2082. 2085.
2200: boisier, J 110; fausser, A 2855. 3231. 3235; J 3445;
mentir, A 1425. 1627. 1733; J 698.

faillir = L *fallire = fallere, allgemein „im Stiche lassen und dadurch hintergehen":

A 2117—18. Maris et fame ce est toute une chars,
Ne faillir ne se doivent.

enchanter = L *incantare*, jemand „einsingen", einschläfern, damit er nicht merkt, nicht auf das achtet, was in seiner Umgebung vorgeht; „hintergehen, betrügen; bezaubern"; souduire = L *subtus-ducere*, „unten an etwas ziehen", in übertragener Bedeutung „durch Ueberredung, Vorspiegelung falscher Thatsachen nach einer Richtung hinziehen"; — dann „von einem (niedriger gelegenen) Ort wegziehen," im engeren Sinne „von einem Orte wegziehen, damit man das, was dort geschieht, nicht bemerkt"; engingnier = L *ingeniare* (*ingenium*, verwandt mit *gignere*, erzeugen), vermittelst des angeborenen Verstandes, Talentes etwas erfinden, aussinnen (eine List etc), Jemand in schlauer Weise vermöge geistiger Ueberlegenheit überlisten. (J 92 u. Rol. 95 besonders zu vergleichen); agaitier, vom ahd. *wahtên*, *wahtan*, „wachen"; lauern, aufpassen, Fallen, Schlingen legen, Jemand durch eine Falle, einen Hinterhalt überlisten, fangen. Während die vorhergehenden ein feines, listiges Betrügen bezeichnen, ist: boisier = L *bausiare* v. ML. *bausia*, Täuschung, Betrug (verwandt mit unserm „böse"?), von noch nicht ganz aufgehelltem Ursprunge — „offen betrügen, in schurkischer Weise täuschen"; — untreu werden, die Treue brechen, verraten:

J 110. Com li cuivert ont lor seignor boisie;

fausser = L *falsare* (v. DC.) v. *falsus*, falsch; „etwas entstellen, nicht ganz der Wahrheit gemäss erzählen, eine Begebenheit falsch darstellen"; mentir = L *mentiri*, Unwahres sagen, lügen, fälschlich vorgeben, täuschen:

A 1425. „Glouz", dist li cuens, „voz i avez menti."

111. Misshandeln, kränken — mesaasmer, J 993; malmener, J 929; malbaillir, J 582; malmetre, A 804; maltraire, J 516; empirier, J 567; laidengier, J 863. 3286; pener, A 2932, J 631; mehaingnier, A 804; vergoingnier, J 93; escorchier, J 3772. 4121. 4130.

mesaasmer = L *mis-aestimare,* „missachten", „lieblos, hart, entwürdigend behandeln"; malmener = L *male-*minare* (für *minari* „drohen") [cfr. DC. s. v. *minare*], „durch Drohungen reizen, antreiben, führen" — „quälen, kränken"; malbaillir = L *male-*bajulire,* — „eine schwere Last aufbürden", „misshandeln"; (laidement baillir J 2216). Den Bedeutungswechsel erklären die Verse des Rolandsliedes:

2349. Il n'en est dreiz que paiens te baillisent;

und

453. Dist l'Algalifes mal nos avez baillit.

malmetre = L *male-mittere*, „übelzusetzen"; maltraire = L *male-trahere*, „übel-ziehen". Alle diese mit *male* gebildeten Synonyma berühren sich sehr nah in ihrer Bedeutung und haben den allgemeinen Sinn: „ein Übel, Leid zufügen, schlecht, übel behandeln"; empirier = L *impejorare*, „verschlimmern", „Jemand schaden". Die folgenden bezeichnen insbesondere „körperlich misshandeln" und berühren sich somit mit den unter γ 3. a dieser Gruppe angeführten; laidengier vom ahd. *laidjan* (*leid*), sowohl „beleidigen, Unrecht thun", als auch „körperlich verletzen":

J 863. Moult l'avez ores batu et laidengie;

pener = L *poenare*, von *poena* „Strafe", eigentlich „strafen" und daher „peinigen, martern":

J 631. Car pleust deu qui en crois fu penez;

mehaingnier, nicht ganz sicheren Ursprungs [ob es aus einer Zusammensetzung von ahd. *man* (Mensch) und *hamjan* (verstümmeln) entstanden ist? — „Jemand so verletzen, dass ein körperlicher Fehler entsteht — verstümmeln"];
vergoingnier = L *verecundiari*, von *verecundia*, „Züchtig-

keit, Ehrbarkeit" — „mit Schmach und Schande bedecken, schänden, verstümmeln":

J 93. Que je le puisse de son cors vergoingnier;
escorchier = L *escorticare (von *cortex*, „äussere Rinde, Schale") — „abziehen, schinden":
J 4130. Escorchie l'ont comme buef escorne.

112. **Schänden** — honnir, A 1211. 1256. 1321. 1393. 1629. 1732. 2189; J 3994; vergoingnier, vergonder, J 1936. 3451; laidir, A 1136.

honnir, vom goth. „*haunjan*", unserm „höhnen", „schänden, entehren, mit Schmach bedecken":
A 2189. Dex la honisse li peres gloriouz.
A 1210—11. Si me leva mon hermin pelison
Honnir me volt;

vergoingnier und vergonder (cfr. vor. Art.), „mit Schande bedecken":
A 3451. Qui la pucelle voloient vergoingnier.
A 730. Li cuens Amiles ta fille a vergondee.

laidir von ahd. *laidjan*, „zu Leide thun", (cfr. vor. Art.):
A 1136. Samblant faisait que la volsist laidir.

Im Sinne „ein Mädchen entehren" werden diese Synonyma also promiscue verwandt.

β. **Verba der Äusserung feindseliger Gedanken.**

113. **Tadeln** — chastoier, A 2202; blasmer, A 742.

chastoier = L *castigare*, zum Zweck sittlicher Besserung mit Worten zurechtweisen (oder thätlich züchtigen) — daher auch die Bedeutung „belehren" (s. diesen Art. 97); blasmer = *blasphemare (von βλασφημεῖν) „lästern", hat die Bedeutung „einen Vorwurf machen, einen Verweis erteilen, ohne die Absicht, den Fehlenden sittlich zu bessern".

114. **Anklagen** — encuser, A 720. 756. 987. 1009. 1035. 1616; desraisnier.

encuser = L *incusare* († *causa*), ist der gewöhnliche Ausdruck für „anklagen, beschuldigen"; desraisnier = L *de-ex-rationare* (*ratio*), eine Anklage gegen Jemand erheben

auf Grund von Thatsachen und Verdachtsgründen, refl. aber auch durch Gründe und Thatsachen eine Anklage als falsch beweisen, „sich rechtfertigen":
J 912—13. Qu'il m'engendra en la vostre moillier;
S'or ne s'en weult ma mere desraisnier.
[Cfr. Chevalier au Lyon, (ed. Holland, Hann. 1880) Vers 1758.]

115. **Verspotten** — escharnir, A 1628; ramponer, A 1570; gaber, J 1028. 1032. 1396.

escharnir, vom ahd. *skernôn*, Jemand verspotten, zum Besten haben; ramponer, vom ahd. *reffan*, nhd. „raffen"; Jemand „zerren, zupfen", um ihn zu ärgern; gaber, vom nord. *gabba*, „täuschen, verführen", woraus sich leicht die Bedeutung „scherzen" (siehe Art. 58), „spassen", Jemand „Jemand aufziehen" bildete:

J 1028. 1396. Cil chevalier le prennent a gaber.

116. **Streiten** (mit Worten) — tencer, A 421. 423. 2661; J 909; mesler, A 2144; plaidier, A 2664; J 725. 1810.

tencer = L *tentiare (tendere), eine Meinung aufrechterhalten, für dieselbe streiten; mesler = L *misculare, (miscere), „mischen", „sich einlassen, in Streit geraten"; plaidier = L *placitare*, „plaidiren", „rechten, prozessieren".

γ. Verba des Krieges, Kampfes.

1) des Kampfes:

117. **Kämpfen** — combatre, A 774. 994. 1016. 1583. 2010; J 3891; guerroier, A 2467; J 1818. 2922; ostoier, J 2923; jouster, J 660. 3984; luitier, J 661; contralier, A 663; J 366.

combatre = L * *con-batt(u)ere*, allgemein mit einander kämpfen, streiten im Gefecht, in der Schlacht; bekämpfen; guerroier = L * *werri-care* „bekriegen"; ostoier = L * *hosticare*, „einen Feind, ein Heer bekämpfen"; jouster = L * *juxtare* (Wurzel: *jug, jungere*), eigentlich „sich vereinigen, versammeln, dann sich treffen, besonders im Turnier, im Kampfe" (vergl. nfrz. rencontre); luitier = L *luctari*,

„ringend kämpfen", „ringen um den Sieg (auch bildlich) in einem kurzen, oder auch in einem langem, anhaltendem Kampfe"; contralier = L *contrariare (contra) allgemein „entgegen sein, anderer Meinung sein, widersprechen, kämpfen" namentlich mit Worten, doch auch mit Waffen.

118. Angreifen — envair, J 4001. 4003; assaillir, A 375; J 247. 1308. 2486. 2697. 3684. 3911.

envair = L invadere, „auf etwas losgehen", — „jemand angreifen"; assaillir = assalire (saltus Sprung) „hinanspringen", ist stärker als envair: „im Sturm angreifen".

119. Besiegen — veintre, A 721. 1402. 1411. 1529; sormonter, A 2083; mater, A 698. 739. 762. 1586; J 3651; desbarreter, J 3827. 3895; faire plaisier, J 2928; conquerre, A 197. 2551; J 1871.

veintre = L vincere setzt die Anwendung von Gewalt gegen Gewalt, einen Kampf gegen einen sich verteidigenden Feind voraus; „siegen, gewinnen, die Oberhand erlangen, überwinden"; sormonter = L *supermontare (mons, Berg), setzt die Anwendung von Gewalt gegen etwas passiv sich Verhaltendes, das uns im Wege ist, uns am Fortkommen hindert, voraus (cfr. Lafaye) — „ein Hindernis überwinden"; mater vielleicht (?) von mat aus dem persischen Ausdruck „schach mat" („der König ist tot"), also eigentlich im Schachspiel „matt setzen", jemand im Schachspiel „besiegen", und dann in erweiterter Bedeutung „jemand so zusetzen, dass er matt, ganz wehrlos gemacht ist, nicht ein und aus kann"; „besiegen besonders unter Anwendung von List und Schlauheit":

J 698. Par bel engaing voz ai prins et mate;

desbarreter, von noch unklarer Etymologie — „täuschen, überlisten, überfallen, ein Heer durch List, Hinterhalt in Verwirrung bringen, besiegen":

J 3895. Se bien le faitez, s'ierent desbarrete;

faire plaisier, v. L plexus (plectere), „beugen machen", „niederwerfen, zähmen, unterwerfen":

J 2628. Que touz li font ses enemis plaisier;

conquerre = L *con-quaerere, eigentlich „zusammensuchen", hat neben seiner eigentlichen Bedeutung „erwerben, erobern" auch den Sinn „besiegen", sehr häufig einen einzelnen Mann:

J 1871. Se par tes armes seulement le conquiers.

2) der Flucht und der Verfolgung.

a) der Flucht.

120. **Weichen** — reculer, J 3989. 4040; guenchir, A 1123, J. 3989. 3999.

reculer = L *reculare v. culus, „rückwärts gehen, zurückweichen". An beiden Belegstellen mit dem folgenden tautologisch verb.: guenchir, dunkler Herkunft, vom ahd. „welk"? „wanken".

121. **Fliehen** — fuir, J 3995. 3997; resortir, J 3991; torner en fuie, A 2255. 4071; eschiver, J 4060.

fuir = L fugere, der allgemeine Ausdruck; resortir = L *resortiri (?), „(wieder) heraustreten", „die Reihen verlassen, fliehen"; torner en fuie = L tornare in fugitum, „sich zur Flucht wenden", „die Flucht ergreifen"; eschiver, v. ahd. sciuhan, „scheuen", „behend ausweichen, schnell entfliehen".

122. **Entwischen, entweichen** — s'enfuir, J 1181; eschaper, A 352. 1364; J 486. 736. 1175. 2178. 3931; estordre, A 1038. 1331. 2809; J 2149. 2716;

s'enfuir = L se inde fugere, ist der eig. und allg. Ausdruck; eschaper = L *excappare von cappa, „Mantel, aus dem Mantel herausschlüpfen"; estordre = L extorquere, „herausdrehen, — winden, entschlüpfen".

b) der Verfolgung.

123. **Verfolgen** — sivre, J 1113. 1637; enchacier, J 124. 891. 1637. 1982. 2101; porchacier, J 959.

sivre = L *sequere für sequi, „folgen, hinter einem hergehen", mehr „folgen" als „verfolgen"; enchacier = L *incaptiare (?), „jagen, nachlaufen, zu erfassen suchen";

porchacier = L *percaptiare (?), „durchjagen, gierig nachjagen (*pourchasser*), abhetzend verfolgen".

124. Verjagen — chacier, J 1577. 2056. 3761; escillier, J 916. 3762.

chacier, = L * *captiare* (?), allg. „jagen, verjagen"; escillier = L * *exiliare (exilium)*, „verbannen".

c) der Gefangennahme.

125. Einkerkern — emprisonner, J 2895. 4089; enserrer, J 3294; en chartre gieter, J 2897; en prison metre, J 2901.

emprisonner = L *in-prensionare*, „einkerkern, ins Gefängniss (prison) werfen"; enserrer = L *inserare* (von *sera* Thürriegel, Knüpfband) „hineinstecken, einschliessen", „hinter Schloss und Riegel bringen". Dann wird dieser Begriff ausgedrückt durch die Verbindungen: en chartre gieter = L *in carcerem (e)jectare*, „in den Kerker werfen", — und: en prison metre = L *in prensionem mittere* „ins Gefängniss schicken".

3) des Verwundens und Tötens.
a) des Verwundens.

126. Verwunden — blecier, J 1146. 1715; nafrer, J 1146. 2157. 2158. 2754; ferir, J 2158; (malmetre, J 1715).

blecier, nach Scheler vom ahd. *bletzen*, „in Stücke schlagen" (nach Diez vom nord. *bletta*); nafrer, vom deutschen „Narbe" (cfr. G. Paris in der Rom. I. 216), „mit einem Speer verwunden"; ferir = L *ferire*, „zerschlagen":

J 2157—58. Que mers ne sueffre arme qui navre fust,
Qui en cors soit ne navrez ne ferus.

malmetre, sowie die meisten unter „missbandeln" (Art. 111) angeführten Synonyma berühren sich in ihrer Bedeutung mit den unter dieser Nummer befindlichen.

127. Durchbohren — fendre, J 950; perfendre, J 980. 2778; percier, A 1304. 1348. 1363; estroer, A 1348. 1363.

fendre = L *findere*, „spalten", „nach seinem natürlichen Gefüge etwas in zwei Teile trennen"; porfendre = L *per-fīndere*, „durchspalten, durchbohren"; percier aus L *per*, wie avancier aus avant resp. *ab ante*; „durch"-bohren, durchstossen; estroer, von *trou* gebildet, „durchlöchern" (cfr. Rol. 2157).

b) des Tötens.

128. **Töten** — tuer, A 2242. 2269. 2930; J 749; ocirre, A 230. 303. 307. 390. 929. 1170. 1338. 1672. 1729. 1902. 2358. 2921. 2985. 2995. 3024. 3072. 3155. 3156; J 77. 187. 386. 586. 749. 2487. 3820. 3958; mourir, A 995. 1945. 2669; J 2539; toldre la vie, A 619; J 2847. 3846; livrer a mort, J 1952. 3613; decoler, A 2805. 2913. 3051. 3230. 3245; afoler, A 351. 1254. 1338 1906. 2752. 2921. 2926 J 3958. 4084; murtrir, J 1587; estraingler, J 187; destruire, J 4084.

tuer = L *tutare*, (cfr. Diez s. v.) eigentlich „das Feuer vor der Luft beschützen", d. h. auslöschen, woraus die Bedeutung „das Lebenslicht ausblasen, töten" entsprang; ocirre = L *occidere* (*ob-caedere*), „zu Boden schlagen", fällen; „töten" meist in offenem, ehrlichem Kampf; mourir = L *morire, eigentlich „sterben", dah. auch „zum Sterben bringen"; (faire morir J 3998):

A 1945. „Je voz ai mort Hardre vostre anemi";
toldre la vie = L *tollere* (*illam*) *vitam*, „das Leben nehmen"; livrer a mort, „dem Tode überliefern". Diese Verba bezeichnen den allgemeinen Begriff ohne Nebenbedeutung, die folgenden die Art und Weise des (meist grausamen) Tötens; decoler = L *decollare (*collum*, Hals), „enthalsen, den Hals abschneiden", es bezeichnet an allen Belegstellen das „töten" der Kinder des Amiles seitens ihres Vaters; afoler = L *ad-fullare(?) (von *fullo-onis*), „niederstampfen, misshandeln, verstümmeln, hinmorden"; murtrir, vom goth. *maurthrjan* (unserm „morden"), — „ermorden"; estraingler = L *exstringulare (*stringere*), „straff anziehen, zusammenschnüren" (die Kehle), „erwürgen"; sodann wird auch im Sinne „töten" gebraucht: destruire = L *de-struere*, „niederreissen, zu Grunde richten, vernichten".

129. **Enthaupten** — decoler, J 2590; detranchier, J 371. 387; toldre le chief, J 3039; sevrer le chief dou bus, J 2587.

decoler, siehe vorhergehende Nummer, „enthalsen"; detranchier, von noch unklarer Etymologie, (vom lat. *trans?*), „zerhauen". Ferner die Verbindungen: toldre le chief, „den Kopf abnehmen" — und sevrer le chief dou bus, „den Kopf vom Rumpfe trennen".

130. **Ertränken** — noier, J 2953; effondrer, J 2953.

noier = L *necare*, dessen ursprüngliche allg. Bedeutung „töten, meist ohne Waffen und Blutvergiessen" — sich einschränkte in „ertränken"; effondrer = L **in-fundare* von *fundus*, Grund, Boden — „auf den Boden senken, ins Wasser tauchen":

J 2952—53. Por son filleul rest forment airez,
    Qu'il croit qu'il soit noiez et effondrez.

131. **Verbrennen** — ardoir, A 648. 1248. 1275. 2174; J 297. 3793; graeillier, J 297. 3793.

ardoir = L *ardere*, „brennen, verbrennen", sowohl vom Feuer (A 1248), Leuchter (A 648) etc. als auch bildlich — vom menschlichen Körper: J 297. 3793; graeillier = L **craticulare* (*craticula*), rösten, „braten, versengen":

J 3793. Qu'il ne voz face ardoir et graeillier.

4) der Eroberung und Verwüstung.

132. **Erobern** — conquerre, A. 197. 2551; conquester, J 3121. 3557.

conquerre = L *con-quaerere*, „zusammensuchen", zusammenscharren, erobern. Gleichbedeutend ist das Frequentativ: conquester = L **con-quaesitare*, „ein Land etc. erobern".

133. **Verwüsten** = gaster, A 937. 938; pesoier, A 938.

gaster = L *vastare*, „leer, öde machen, verheeren, verwüsten"; pesoier = L **petiare* (vom kelt. *peth*, Stück?), „zerstückeln", „zertrümmern":

A 937—38. De l'autre part ot un gaste monstier.
    Tuit sont li mur gaste et pesoie.

134. Vernichten = confondre, A 463; cravanter, J 1607; escillier, A 3397; destruire, A 1750. 2131. 2168; J 153. 1694. 2904.

confondre = L *confundere*, eig. „zusammengiessen", zusammenschlagen, sodass die Form zerstört wird, „etwas vollständig zu Nichte machen":

A 462—63. Je vi Hardre la grant presse desrompre,
Brisier sa lance, ses annemis confondre;

cravanter = L *crepantare (crepare)*, bei dessen Bildung man das beim Zerstören, Zusammenschlagen entstehende Geräusch ins Auge fasste; also krachend, mit lautem Getöse „zerschmettern":

J 1607. Fromons l'ocist, cui dammeldex cravant;

escillier = L *exiliare (exilium)*, eig. „verbannen"; da die Habe eines Verbannten meist der Plünderung und Zerstörung anheim fiel, so entsprang hieraus die Bedeutung „zerstören, zu Grunde richten" (cfr. Art. 124 „verjagen"):

A 3396—97. Cuida ce fust Charlemaine au vis fier
Qui fust venuz sa cite escillier;

destruire = L *destruere*, „niederreissen"; „détruire", c'est ôter violemment l'existence à quelque chose qui fait corps, qui est organisé ou forme un système, en dérangeant l'économie de ses parties, en rompant leurs rapports de manière que la chose perde sa forme et par conséquent ne subsiste plus" (Lafaye):

J 1694. Par lui sera destruis touz cis pais.

Index.*)

Abaissier 18.
abandonner 32.
abatre 14.
acesmer 48.
achater 82.
s'acheminer 31.
acointier 72. 74.
acoler 106.
acomplir 22.
aconter 74.
acorder 79. 103.
adeser 6.
adouber 49.
affichier 75.
affumbler 46.
afier 75.
afiner 3. 5.
afoler 128.
agaitier 110.
agraer 79. 104
aidier 94.
airer 108.
aler 25.
alever 42.
amaisnier 42.
amener 87.
amentevoir 72.

amer 88.
amonester 98.
anuier 108.
aorer 78. 91.
apaier 103.
apanser 54.
appeller 70. 72.
apercevoir 53.
appareillier 49.
apprester 49.
aprocher 34.
s'aprocher 34.
armer 49.
s'arouter 31.
ardoir 131.
arraisnier 72.
arraisonner 72.
arrester 28.
asloingnier 28.
assaillir 118.
assembler 24.
assener 35.
asseurer 75.
atargier 28.
aterrer 14.
atirier 46.
atorner 49.

attaindre 35.
auner 24.
avaler 37.
avanser 34.
s'avanser 34.
avoier 66.
s'avoier 31.
avoir en convenant 75

Baillier 93.
baissier 18.
barrer 20.
batre 8.
blasmer 113.
blecier 126.
boisier 110.
bouter 8. 14.
braire 70.
brisier 11.
brochier 9.
bruire 39.

Cener 43.
chacier 124.
chalongier 101.
changier 12.

---

*) Die Zahlen bezeichnen die betr. Artikelnummern.

chaoir 38.
chargier 23. 93.
chastier 97. 113.
chaucer 46.
cherchier 57.
choisir 53.
claimer 70.
cliner 18.
clorre 20.
combatre 117.
combler 22.
commander 65.
commencier 1.
comparer 81.
conduire 87.
confondre 134.
conforter 95.
conjoir 71.
conjurer 77.
conquerre 119. 132.
conquester 132.
conraer 49.
conseillier 69. 96.
consentir 79.
consevre 35.
conter 69. 74.
contralier 117.
coper 10.
corre 27.
craindre 59.
craventer 14. 134.
creanter 75.
crier 70.
croire 55.
croissir 11.
cuider 55.

Decoler 128. 129.
deduire 58.
deffendre 101.
deffermer 19.
definer 3. 5.

deguerpir 32. 47.
delaier 28.
delitier 58.
delivrer 32. 102.
demander 57. 73. 77.
demander congie 105.
demener 87.
demonstrer 86.
demorer 28.
departir 31. 105.
depecier 11.
deplaindre 62.
se deporter 58.
deproier 77.
desagreer 108.
desbarreter 119.
descendre 37.
descevrer 105.
descirrer 11.
desconfortez, estre 60
desmailler 11.
desmembrer 10.
desmenter 62.
despoiller 47.
desquasser 11.
desraisnier 114.
desrompre 11.
desservir 82.
dessevrer 56.
s'en destordre 33.
destruire 128. 134.
desver 61.
detranchier 10. 129,
deviser 69. 74. 96.
dire 69.
disner 43.
doloir 108.
dolouser 40.
donner 93.
donner conseil 96.
douter 59.
durer 2.

Effondrer 130.
s'efforser 67.
effraie, estre 60.
embatre 8.
s'embatre 30.
embler 109.
embracier 106.
empirier 111.
emplir 22.
empoingnier 7.
emprisonner 125.
enamer 88.
enchacier 123.
enchanter 110.
encherchier 57.
encliner 18.
encombrer 108.
encommencier 1.
encroer 17.
encuser 114.
endurer 40.
endosser 46.
enfoir 50.
s'enfuir 122.
engaigier 84.
engingnier 110.
engrossier 39.
enmener 87.
enorter 98.
s'enpoindre 30.
enprendre 1.
enquerre 57. 73.
enraigier 61,
enseignier 97.
enserrer 20. 125.
entendre 51.
enterrer 50.
s'entracoler 106.
s'entrafier 75.
entremesler 24.
s'en entrer 30.
envair 118.
envoier 85.

errer 25.
esbai, estre 60.
s'esbanoier 58.
s'esbatre 58.
esbaudi, estre 58.
eschaper 122.
escharnir 115.
eschiver 121.
escillier 124. 134.
escorchier 111.
escouter 51.
escrier 70.
esgarder 52.
s'esjoir 58.
eslaissier 27.
s'esmaier 60.
s'esmovoir 31.
s'esperdre 61.
esperdu, estre 60.
esperonner 9.
espiier 52.
espoante, estre 60.
espouser 107.
esprover 68.
esquipper 49.
s'esquipper 30.
esrer 25.
essaier 68.
essaucier 15.
estanchier 44.
estordre 122.
estraindre 106.
estraingler 128.
estroer 127.
s'evertuer 67.

Faillir 32. 110.
faire 69.
faire certain 74.
faire s'orison 78.
fausser 110.
faveller 69.

fendre 11. 127.
ferir 8. 126.
fermer 20.
fervestir 49.
fiancier 75.
finer 3. 5.
floter 39.
fraindre 11.
fremir 64.
fuir 121.

Gaber 58. 115.
gaimenter 62.
gaitier 99.
garantir 99.
garder 52. 99.
se garder de 53.
garir 45. 99.
garnir 49.
gaster 133.
gemmer 48.
gieter 14.
gieter en chartre 125.
graeillier 131.
gouverner 66.
gracier 90.
graer 79.
gramoier 62.
grever 108.
guenchir 120.
guerpir 32.
guerredonner 92.
guerroier 117.
guider 87.

Harbergier 100.
haubergier 49.
haucier 15.
honnir 112.
honorer 89.
huchier 70.
hurter 8. 9.

Irier 108.
issir 32.

Jouster 35. 117.
jurer 75.
justicier 66.

Lacer 46.
laidengier 111.
laidir 112.
laisser 32.
lancier 14.
larmoier 63.
lever 15.
se lever 31.
liier 21.
livrer a mort 128.
loer 91.
loger 100.
luitier 117.

Malbaillir 111.
malmener 111.
malmetre 111. 126.
maltraire 111.
mander 65. 77.
manoir 2.
marcher 25.
marier 107.
mater 119.
medecinner 45.
mehaingnier 111.
mener 87.
mengier 43.
mentir 110.
mercier 90.
merir 92.
mesaasmer 111.
mesler 116.
metre en prison 125.
metre terme 28.
monstrer 86.

morir 5. 128.
se movoir 31.
muer 12.
murtrir 128.

Nafrer 126.
naiger 29.
noier 130.
norrir 42.
nuncier 74.

Ocirre 128.
offrir 76.
orer 78.
ostaigier 84.
osteler 100.
oster 47. 102. 109.
ostoier 117.
otroier 79.
ouir 51.
ouvrir 19.

Paier 81.
panser 54.
parer 48.
parler 69.
partir 31.
passer 4. 26.
pendre 17.
pener 67. 111.
percevoir 53.
percier 127.
perfendre 127.
perir 5.
peser 108.
pesoier 133.
plaidier 116.
plaire 104.
plaisier 119.
plevir 84.
plorer 63.
poindre 9.

poiser 108.
porchacier 123.
porpanser 54.
porquerre 57.
prendre 1. 7. 107.
prendre arrestement
    28.
prendre congie 105.
prendre fin 28.
presenter 76.
prisier 89. 91.
proier 77.

Quasser 11.
querre 57.

Rabatre 8.
raconter 74.
racorder 103.
radouber 49.
raemplir 22.
raler 25.
ramembrer 98.
ramponer 115.
randonner 27.
recevoir 83.
reclamer 77.
reconforter 95.
recoper 10.
recouvrer 83.
reculer 120.
redouter 59.
redrescier 16.
referir 8.
refuser 80.
regarder 52.
regnier 2.
relever 15.
remanoir 2.
rendre grace 90.
rendre merci 90.
se renpoindre 30.

repairier 36.
reparler 69.
requerre 57.
rescorre 83.
resordre 16.
resortir 121.
respasser 41.
respiter 28.
resusciter 16.
resvigourer 41.
retorner 36.
revenir 36.
revertir 36.
revestir 46.
rompre 11.
rover 65. 77.

Saichier 13.
saisir 7.
saluer 71.
saner 45.
saouler 44.
sauver 99.
secorre 94.
sejorner 28.
semondre 77.
serrer 20. 21.
sevrer le chief du
    bus 129.
sivre 123.
sonner 69.
sormonter 119.
sortir 32.
souduire 110.
souffrir 40.
souper 43.
souzpirer 62.
sozlever 15.
sygler 29.

Taillier 10.
targier 28.

tencer 116.
tenir chier 88.
tenter 68.
tirer resnes 28.
toldre 47. 109.
toldre la vie 128.
toldre le chief 129.
torner 33. 36.
torner en fuie 121.
touchier 6.
trainer 13.
traire 13.

trambler 64.
trametre 85.
tranchier 10.
traveillier 67.
traverser 26.
trebucher 38.
trespanser 108.
trespasser 4.
triier 56.
trorser 23.
trourbler 39.
tuer 128.

Veer 80.
veintre 119.
veoir 52. 53.
vergoingnier 111. 112
vergonder 112.
verroillier 20.
verser 14. 27. 38.
vertir 33.
vestir 46.

Inhalt.

	Seite
Vorbemerkung	4
Einleitung	5

Die verbalen Synonyma.

A. Zeitliches Sein.
  Gruppe I. Verba des zeitlichen Seins 11
B. Räumliche Berührung und Bewegung.
  Gruppe II. Verba des Berührens von Gegenständen . . . 12
  Gruppe III. Verba des Bewegens von Gegenständen . . . 16
  Gruppe IV. Verba der Bewegung 20
C. Das individuelle Leben.
  a. Das physische Leben.
  Gruppe V. Verba des körperlichen Allgemeinbefindens . 27
  Gruppe VI. Verba der Leibespflege 28
    α) der Ernährung 28
    β) der Heilung 29
    γ) der Kleidung 29
    δ) der Rüstung 30
    ε) der Bestattung 32
  b. Das psychische Leben.
  Gruppe VII. Verba der Sinnesthätigkeit (der psycho-physischen Sphäre) 32
  Gruppe VIII. Verba der intellektuellen Thätigkeit . . . 34
  Gruppe IX. Verba der Gefühlsthätigkeit 36
    α) der Gemütsbewegung 36
    β) der Äusserung der Gemütsbewegung 38
  Gruppe X. Verba der Willensthätigkeit 40
D. Der Verkehr der Menschen untereinander.
  a. Im Allgemeinen.
  Gruppe XI. Verba der Äusserung und Mitteilung . . . 42
  Gruppe XII. Verba bezüglich auf Handel und Wandel . 49
  b. Im freundlichen Sinne.
  Gruppe XIII. Verba der freundlichen Beziehungen . . . 52